新版

就学時健診を考える

特別支援教育のいま

小笠 毅 編

岩波ブックレット No. 991

JN135613

はじめに

いまから二〇年前、私(小笠毅)は岩波ブックレット『就学時健診を考える』を執筆しました。当時、「普通」か「特殊」かをめぐる教育体制が問われる事情がありました。それは、障害の有無で振り分けられる就学時健康診断(以下、就学時健診)によって、子どもの進路が左右されるということがあったからです。

「普通」とは、学習指導要領のもと、通常学級で受ける、通常の教育のことです。「特殊」とは、通常学級とは異なる場で、特別なケアを必要とする児童や生徒が受ける特殊教育を簡略化して呼んだ教育のことです。一九九八(平成一〇)年度における全児童生徒のうち、約一・一%の子どもたちが特殊教育の対象にいました。

実は当時、希望する就学先の小学校に入れてもらえない、というような悩みをもつ子どもや保護者からの相談が、私の主宰する遠山真学塾に多く寄せられていました。また、就学時健診の是非が新聞でも頻繁に取り上げられ、教育関係者をはじめとする多くの人々からの関心を集め、紙上で活発な議論が繰り広げられてもいたのです。

一方、分離された教育を行う日本に対して、私たちが注目していた北欧諸国では、より進んだ統合教育(インテグレーション教育)が盛んに行われていました。統合教育とは、通常の教育を行う学校と特別なケアを必要とする子どもたちに特別な指導をする学校が同じ敷地内にあり、そのような場において学ぶ教育(場における統合)のことです。隣接した校舎で学ぶ子どもたちは、学校や教室を自由に行き来し、遊びと学びの教育を謳歌《おうか》していました。

そして二〇年後のいま……。日本における特別な教育的支援を受ける子どもは、全体の四％以上に達しています。この間、障害のある子どもたちの教育を取り巻く国内外の法や権利は、大きく変わり、一見改善されたかのように思われます。たとえば、国連主導のもと、「障害者権利条約」が制定され、それに伴って日本も国内法の整備を経て、批准が達成されました。そこには国連の諸人権条約や「サラマンカ宣言」注(1)から受け継がれ統合教育からさらに発展した、障害のある子もない子も同じ教室でともに学びあう「教育のインクルージョン化」の理念が掲げられていますす。しかしながら、その具体的な展開の前には、いまなお厚い壁が横たわっているようにも思えるのです。

一五年ぶりに就学時健診のマニュアルが改訂され、二〇一八年度から全国の小学校や関係機関において使用開始になりました。このマニュアルが「厚い壁」を超えるものとなるかどうか、注視しなければならないでしょう。

新版となる本書では、遠山真学塾からみた「就学時健診や特別支援教育のいま」を、インクルーシブ教育の視点から考察してみようと思います。

なお、本書全体の構成は小笠が行い、執筆については、「はじめに」と第4章の一部(七三―八二ページ)を小笠が、第1章から第4章を伊藤千枝が担当しました。また、第3章と第4章の一部を広瀬智子、第3章の一部を千田悦代が担当しました。

この小冊子が、障害とともに生きる子どもの遊びと学びの権利や基本的な人権を、「共に生きる社会」のなかで、いかに保障していくかを考える一助になることを願っています。

（1）　一九九四年六月、スペインのサラマンカでＵＮＥＳＣＯ（ユネスコ）とスペイン政府によって開催された「特別ニーズ教育世界会議」で採択された宣言。本書三三―三四、七〇ページも参照。

第1章　就学時健診と就学相談

塾からみる就学相談と就学時健診

「けいすけ君、こんにちは」

講師が教室を行き来するけいすけ君（仮名）に声をかけると、目をパチっと合わせ、ニコニコ笑って近寄ってきてくれます。機嫌がよいと二、三言会話することもあれば、調子がわるかったり、何かに夢中になったりしていると、うまくコミュニケーションがとれないこともあります。しかし、けいすけ君の発する言動に、はっとさせられることや笑わせられることがたくさんあります。講師だけでなく、同じ時間に勉強している子どもたちもけいすけ君に会えるのを毎回楽しみにしているのです。

私たち遠山真学塾は、四〇年近く前から、学びに何らかの困難のある子どもや若者たちに算数を中心に教え、ともに学んでいます。

けいすけ君が塾に通い始めた小学一年生のころは、3までの数をなんとなく把握している程度でしたが、二年生になったいまでは、10までの数とたし算を習っています。勉強の成長も目覚ましいのですが、とくに担当講師がおどろいているのは学びに対する積極的な意欲が芽生えたことでした。

そんなけいすけ君とご両親が数年前に受けた就学相談と就学時健診は、たいへん過酷なものでした。

第1章ではけいすけ君をはじめとする、私たちの塾に集う子どもや保護者の体験談をもとに、就学相談や就学時健診のいまについて考察します。

けいすけ君の就学相談

けいすけ君は小さいころから自閉症の傾向があり、心配したご両親は、三歳児健診のときに保健師に相談し、東京都市内の子ども発達支援センターを紹介されました。その後、併設された療育機関(1)に行きましたが、定員オーバーで利用ができず、市外を探さなければなりませんでした。幸い見つかったものの、ご両親は、けいすけ君一家が暮らす地域の特別支援教育に関する情報収集に大変苦労されたそうです。

年長になった年の六月、いろいろと悩みを抱えていたご両親は、就学相談説明会に参加し、就学相談を受けることにしました。ご両親は、できることならけいすけ君を市内の小学校にある特別支援学級に行かせてあげたいという願いを持っていたのです。

初回の面談に赴《おもむ》いたお母さんは、けいすけ君に関する相談事をするとともに、発達検査結果を提出しました。ところが後日、市の担当者から電話連絡があった際、その対応のあいまいさから、担当者がけいすけ君の個人情報をほとんど把握しておらず、また、管理もされていないのではないか……と不信感を抱くようになったといいます。

その後、ご両親の抱いた不信感を増幅する出来事が起こります。就学支援委員会によって一一月に行われたグループ行動観察に参加したけいすけ君に、立ち会った委員会メンバーのひとりが声をかけてきました。「またどこかで会えるといいね」と。この別れとも受け取れる言葉を耳にしたお母さんは、うちの子の小学校入学は望まれていないのではないか……と愕然《がくぜん》としたそうです。なぜなら、この言葉をなげかけたのは、ご両親がかねて入学を希望していた小学校の校長先生本人だったからです。

委員会による審議の結果を受けた市の担当者から、けいすけ君の就学先として特別支援学校が適していると提案されました。ご両親は、けいすけ君を特別支援学級に就学させて、多様な子どもたちからより多くの事を学んでほしいという願いが捨てきれませんでした。そこで、秋に行われる就学時健診を地元の小学校で受けることにしました。当日、就学時健診を受けに行くと、会場には障害があるとすぐにわかるような子どもは全く見受けられませんでした。

そして、ご両親の粘り強い交渉の末、やっと市内の小学校の特別支援学級の就学通知をもらうことができたのです。

将来への不安

しかし、入学後の特別支援学級における教育は、ご両親の期待通りというわけにはいきませんでした。けいすけ君の通う特別支援学級には知的障害がなかったり、ボーダーといわれる軽度障害の子どもたちが多く通っており、発達検査で「中度に近い軽度」と判定を受けたけいすけ君に適した教育的支援が受けられることはありませんでした。また、ご両親は個別の教育支援として、けいすけ君に特別支援教育支援員を付けることを希望しましたが、それもかないませんでした。担任の先生からご両親に報告されるけいすけ君の様子は、いつも問題行動の指摘ばかりが目立ち、最終的には「この子に勉強させるのはかわいそうだ」とまで言われてしまいました。

ご両親は、けいすけ君の進路について再び悩んだ結果、二年生から特別支援学校に転校させることを決断します。転校はすんなりと認められたものの、その後の手続きはいいかげんなものでした。たとえば、事前に支援学校の体験入学を希望していたにもかかわらず、案内されなかったり、さらに、転校前に届くはずの転学通知が、けいすけ君の登校初日になっても届くことがなかったのです。

特別支援学校に通い始めてからというもの、けいすけ君は徐々に落ち着きを取り戻し、自己肯定感が持てる時間も増えていきました。ご両親はこうした変化をうれしいと思う反面、支援学校の教育に不安を抱いてもいます。学校が始まり二カ月経っても、算数や国語の教科教育が行われていないのです。これから先も教科教育を受けられないのではないか、いったい支援学校で何をどこまで教えてくれるのか。明るい展望が持てないまま、ご両親の不安は膨らむ一方です。さらに、支援学校には市外から転入した関係で、学校関連の情報が入りにくかったり、ほかの保護者同士のつながりも薄いため、孤立感を募らせています。

就学相談とは

けいすけ君とご両親が受けた就学相談とは、一体どのようなものなのでしょうか。東京都立川市の「平成三〇年度就学相談のご案内」を例に、流れをみていきましょう。この市では、就学先についての審議等を行う就学支援委員会は、就学支援部会と就学等検討委員会を合わせたものとなります。

入学前年度の五月に就学相談説明会が開かれ、就学相談の受付が始まります（九月末締切）。子どものことで心配のある保護者はまず、市の教育支援課に電話をして子どもの様子などを簡単に話し、面談の日時を予約します。後日、保護者と子どもが面談に赴き、保護者は、「就学相談票」の記入、就学先の希望、心配事などの相談を就学相談員と行い、学校の情報や今後のタイムスケジュールの説明なども受けます。子どもは別室で、あいさつや会話の様子、行動の様子などを専門家に観察されます。

面談とは別に判断材料の収集として、保護者は子どもの発達検査（ＷＩＳＣ-Ⅳ[2]、田中ビネーⅤ[3]、新版Ｋ式[4]など）の結果と障害に関するかかりつけ医の所見書や療育の記録などを市に提出します。保護者の了承のもと、子どもの通う幼稚園や保育園から子どもの実態把握票を作成してもらったり、必要に応じて市の就学相談員が幼稚園や保育園に行き、子どもの活動を観察したりする場合もあります。この間に、希望者は特別支援学級や支援学校の見学などに行くことができます。

後日、再び保護者による面談と子どもの行動観察が行われます。これらは、就学支援部会のメンバーである部会長（市立小学校の校長）と特別支援学級設置校の副校長、都立特別支援学校のコーディネーター、特別支援学級担任教諭や通常の学級担任教諭などが対応します。その後、これ

相談の流れ

①電話申込み	来談にあたり，お子さんの状況をお伺いします. (所要時間 10〜15 分程度)
②初回面談 ③行動観察	【初回面談】(所要時間：各 1 時間程度) 相談員が，お子さんの様子や就学・転学先の希望等について保護者の方からお話をうかがいます. 【行動観察】 相談員が，遊戯室にてお子さんとの活動を通して様子を見させていただきます.
④発達検査 ⑤医師との相談	〈発達検査〉発達検査の種類は田中ビネー，WISC-Ⅳ等です (所要時間：1〜2 時間程度). 後日，検査の結果について説明します(所要時間：30 分程度). 〈医師との相談〉児童発達の専門の医師がお子さんの様子をお伺いします. (所要時間：1 時間)
⑥見学・体験(希望者)	特別支援学級や特別支援学校への就学・転学を検討している方には， 見学や体験をお勧めしています.
⑦就学・転学支援部会	お子さんにとって望ましい就学・転学先について， 保護者面談や行動観察等を踏まえ意見をまとめます. (所要時間：保護者面談 10 分程度，行動観察 45 分程度)
⑧就学支援等検討委員会	就学・転学支援部会での意見を踏まえて， お子さんの就学先について専門家が審議し，所見としてまとめます.
⑨保護者への連絡	就学支援等検討委員会の所見をお伝えします. ▶ 電話連絡にて所見をもとに就学先について提案します(必要に応じて面談も可). ▶ 保護者の考えと異なる場合は面談にて意向をお聴きし，相談を重ねていきます.
⑩入学通知書送付	1 月中旬を目安に教育委員会(学務課)より発送 ▶ 都立特別支援学校へ就学・転学の場合は，都教育委員会から学校指定通知書を発送. ▶ 1 月中旬時点で相談途中の場合は，相談終了後に送付されます.

図 1　就学相談の流れ(立川市教育委員会 HP「就学相談の流れ」より，一部抜粋)

までの資料も参考にして、就学支援部会が子どもの適切な支援や就学先について協議します。就学支援部会は、九月から翌年一月まで月に二回程度開催されます。

後日、就学支援等検討委員会の委員長（学識経験者）のもと、小児精神科医、学識経験者（元都立特別支援学校教員）、臨床心理士、言語聴覚士、行政職員（子ども家庭支援センター長、教育委員会統括指導主事）が就学支援部会の審議結果などを参考にしながら最終的な支援内容と就学先の提案をまとめ、後日、その結果が市の担当者から保護者に伝えられます（連絡は、就学支援等検討委員会が行われた日からおよそ二〜三週間後）。決定の過程では、保護者の意見が尊重されなければならないことが法律において決められています。もし、保護者の考えと異なる場合は、継続して相談が行われます。就学先決定後は、就学相談で揃えた資料が就学支援ファイルとしてまとめられ、就学先の学校へと引き継がれます。

この市の前年度の就学相談結果は、次の通りです。市内公立小・中学校の就学相談利用者一二〇件のうち、検討委員会と異なる就学先の決定をした人が一九件で全体の約一六％いました。就学先として、小学校については、通常学級が約三三％、知的障害学級（特別支援学級）が約一七％、特別支援学校が約一七％、私学が約四％、相談中止が約一九％。中学校については、知的障害学級が約六七％、特別支援学校が約一〇％、相談中止が約一七％、通常学級が約七％でした。

就学相談を受ける子どもの多くが特別支援学級や特別支援学校など、なんらかの特別支援教育を受けていることがわかります。中学校になると、その割合は顕著になっています。この結果からはわかりませんが、通常学級のなかには通級（三五―三六ページ参照）を利用している子どももい

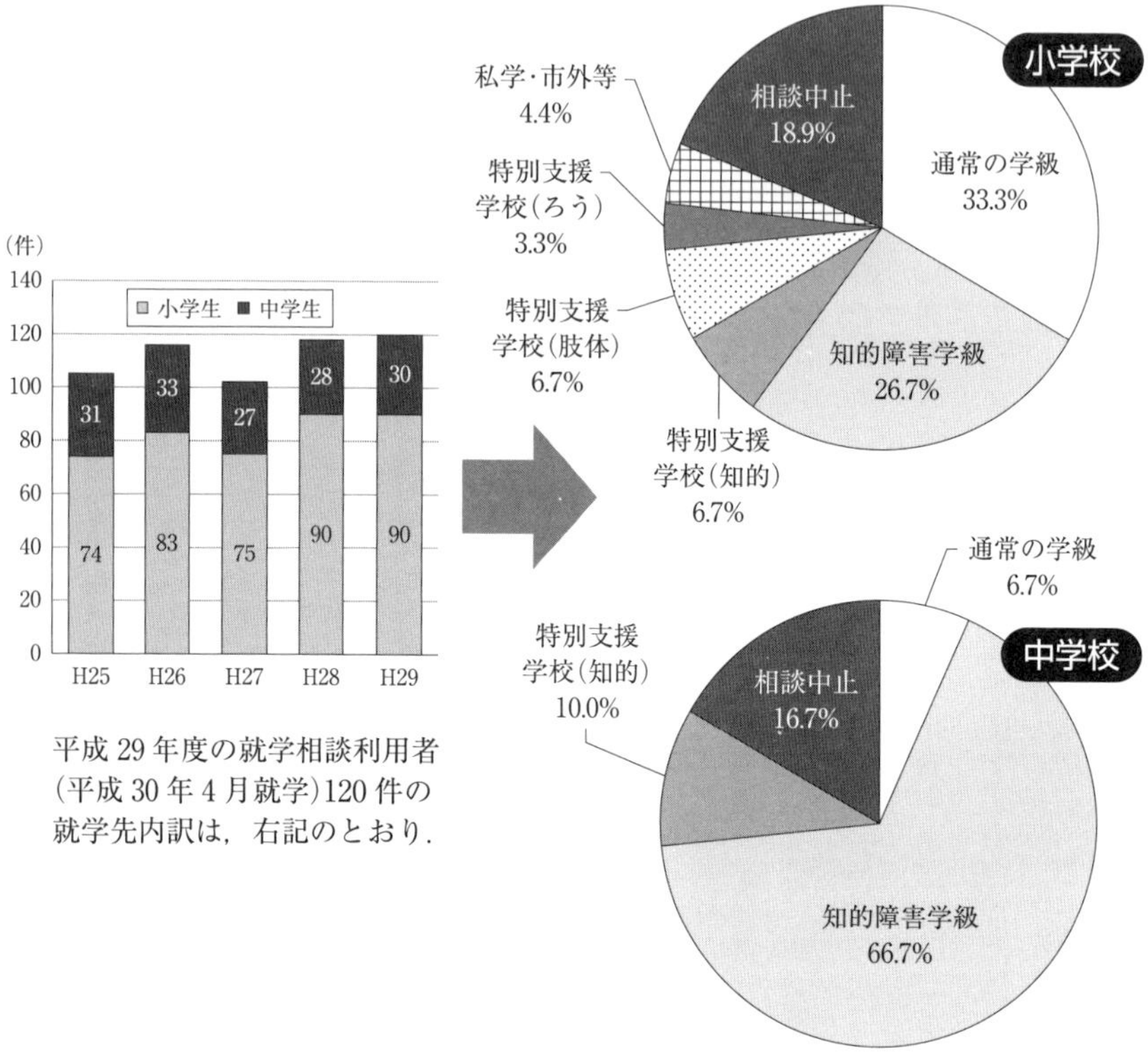

（立川市教育委員会 HP「平成 30 年度 就学相談のご案内」13 頁）

図 2　就学相談の結果

ると考えられます。

ここで気になることは、相談中止になった割合です。小・中学校ともに一八%前後ありますが、決して少ないとはいえないでしょう。これは、教育相談のどこかの過程で、教育相談を取りまとめる市町村の教育委員会と保護者との話し合いの折りあいがついていないことが推測されます。

総合的判断

では、この就学支援委員会（名称は自治体によって異なり、図3は教育支援委員会となる）による、就学先の決定はどのように行われるのでしょうか。文部科学省（以下、文科省）の作成した図3をもとに流れを追います。まず、発達検査の結果などによって、子どもが、学校教育法施行令第二二条の三[5]に該当するかどうかを決めます。その上で、障害の状態、障害の状態に基づく教育的ニーズ、本人・保護者の意見、専門家の意見、学校や地域の状況など、総合的な観点から就学先を提案します。「令第二二条の三」の該当・非該当と就学支援委員会による提案先の「判定」が記録に残ります。そして、提案された就学先と保護者の意見が異なる場合は、継続相談を行い、最終的な就学先が決定されます。

この「判定」が、小学校における特別支援を受けにくくしている状況があります。

たとえば、けいすけ君は、特別支援学校の「判定」が出ていたため、特別支援学級内で、個別に付ける特別支援教育支援員制度を利用することができませんでした。

また、小学校一年生のみらいさん（仮名）の場合は、就学支援委員会で特別支援学級の「判定」

を受けましたが、保護者の希望により通常学級に入ることができました。その後、個別の支援が必要だと感じ、通級を希望しましたが、支援学級の「判定」をもらっている子どもは通級を受ける対象者ではないとして、特別な教育的支援を受けることができていません。そして教科教育の遅れを理由に、担任から支援学級を勧められているのです。現在、通級には知的障害を対象にした授業はありません。

もし、就学通知による就学先が、本人・保護者の希望と異なる場合は、法的な手段として「行政不服審査請求」ができることを知っておくとよいかもしれません。これは、行政不服審査法によって認められており、行政の処分に対して不服がある場合に、処分についての審査請求をすることができるものです。請求方法は、審査請求書に必要事項を記入し、市町村の教育委員長宛てに、処分があったと知った日の翌日から三カ月以内に送付するというものです。

最近、神奈川県川崎市で特別支援学校に通う小学一年生の男の子と両親が「障害を理由に小学校への就学を認めなかったのは違法」として訴訟を起こしたケースがあります。二〇一八年九月一二日の『神奈川新聞』によると、訴訟の第一回口頭弁論で、「両親は「地域の小学校で友達との交流を通じて、刺激を受けとりながら成長してほしい」と訴えた」のに対して、「市と県は特別支援学校が「最良の学び場」と主張し、争う姿勢を示し」ました。また、「代理人弁護士は「(障害の有無にかかわらず地域の学校でともに学ぶ)インクルーシブ教育を受ける権利が侵害されている」と訴えた」とあります。権利としてインクルーシブ教育が認められるようになってきたというものの、このような裁判が起こってしまうことはとても残念です。

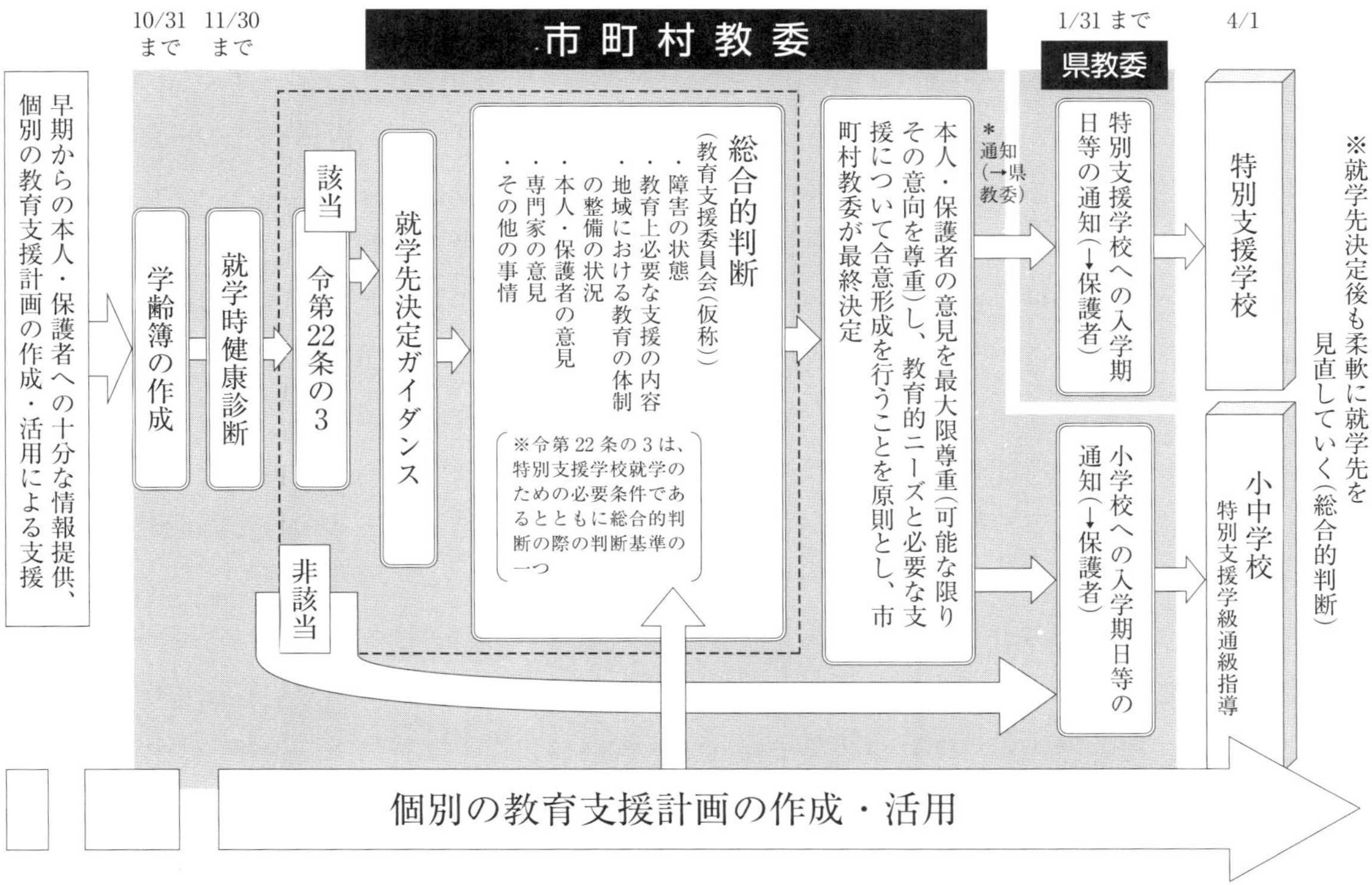

＊12月31日までに通知することが決められています（学校教育法施行令第11条第1項）

図3　障害のある児童生徒の就学先決定について（文科省の「教育支援資料」「参考資料」15頁）

まさと君の就学時健診

次に東京都区内で就学時健診を受けたまさと君(仮名)の体験談を紹介します。

私たちの塾にいるときのまさと君は、その時間のムードメーカー的な存在でした。いろいろな生徒さんたちを巻き込み、休憩時間になるとカードゲームを楽しむこともありました。まさと君が入塾する以前は、生徒さんたちは、お互いのことがそれぞれ気になっていましたが、交わることはありませんでした。しかし、まさと君が来てから、子どもたち同士で会話をすることが増えていきました。同学年のうたさん(仮名)は、あまり感情を表に出すことがありませんでしたが、まさと君が勉強のことで担当講師と言い合いになっているのに影響を受け、最近起きた出来事やその時の気持ちを話してくれるようになりました。さらに、勉強についても「どうしてこういうやり方をするの？　別の方法でやったらどうだろう？」と意見をいうようになりました。このようにまさと君には場や人をプラスに変える力があります。

とはいうものの、まさと君はその能力をはじめからうまくは発揮できませんでした。むしろ逆に作用してしまうことが多かったようです。とくに集団行動を求められる幼稚園では友だちとのトラブルが多く、なかなか馴染めませんでした。さまざまな療育を受けつつ、転園を繰り返し、ようやく最後の一年間は、幼稚園と民間の療育機関の連携が取られるようになり、落ち着きがみられるようになりました。

年長の春に高機能自閉症の診断を受けたまさと君ですが、秋の就学時健診では、あえて事前相談などをせずに受けることにしました。結果は、何の問題もなく通常学級に決まりました。しかし、就学後はたいへんな部分も出てくるだろうと思ったお母さんは、就学予定の小学校に面談を申し込み、二月ごろに校長先生と副校長先生と三人で就学支援シートを使いながら、話し合いを行い、就学の準備を早めに始めました。

にもかかわらず、入学してからというもの、毎日のように担任の先生から電話があり、通常学級に行かせたことを後悔する日々が続きました。その後、お母さんはまさと君を特別な教育的支援が受けられる通級に通わせながら、様子をみつつ、担任や通級の先生と良好な関係が築けるよう常に心を配り続けています。

高学年になり、成長とともに集団のなかでも自分らしさを発揮できるようになったまさと君は、いま私立中学校を目指してがんばっています。

就学時健診のいま

ここからは、二〇一七(平成二九)年度に改訂され、翌年度から利用が始まった「就学時の健康診断マニュアル」をもとに「就学時健診のいま」をみていきたいと思います。

文科省の指示のもと、このマニュアルは学校保健会によって一五年ぶりに改訂されました。きっかけは、「教育再生実行会議」[6]や、総務省による「発達障害者支援についての調査と勧告」[7]にありました。二〇一六年に一部改正された「発達障害者支援法」が活用されることを期待し、また、総務省の調査では「発達障害児の幼児期から在学時、成人期までの各ライフステージに通じた継続的な支援に課題」があると考え、幼児期から小学校への円滑な支援ができるように、特別支援教育のなかでも、とりわけ発達障害児の発見を強化することに力が注がれました。

就学時健診で行われる知能検査の内容に入る前に、就学時健診当日までの流れとその内容を簡単に説明します。

九月から一〇月にかけて、市区町村の教育委員会から各家庭に就学時健康診断通知書が送られてきます。そのなかには、就学時健康診断の案内とともに、おたふく風邪などのワクチン接種を薦める案内、アレルギーに関する申告書、事前調査用紙、就学後の円滑な教育的支援ができるようにする「就学支援シート」などの案内が同封されています。事前調査用紙は、保護者の同意のもと、生まれた時の様子や、乳幼児健診(改訂で追加された)で指摘されたこと、子どものことで気になっていること、就学時健診の時に配慮してほしいことなどについて保護者が記入します。

そして決められた日に就学予定となる小学校に行き、就学時健診を受けます。視力、聴力、耳鼻咽喉科の検査、歯科、内科などの健康診断とともに、簡単な知能検査や面談を行います。健診や検査は子どもが受け、面談は子ども・保護者・先生の三者で行うのが一般的です。事前に教育委員会や学校などに子どもの相談をした場合や、健診の最中に気になる言動や態度が認められた場合は、学校側からさらに子どもの様子を観察したり質問されたりすることがあります。具体的な方法や手順は各自治体によって異なりますので、詳細はお住まいの区・市役所等にお問い合わせください。

知能検査

二〇年ほど前の知能検査は、就学先を決める振り分けの一つの指標となるとして、問題視されていましたが、新しいマニュアルではどう変わったのか、検査内容を詳しくみていきます。

検査の目的は、知的障害や発達障害の可能性のある子どもに気づき、その後の教育相談や医療機関への受診につなげることにあると書かれています。検査は学校の先生が中心になって行い、およそ四歳児の多くができているとされる九種類の問題を出し、援助が必要かどうかをみます。知能指数でいうと七〇～七五程度以下の場合、衣服の着脱、集団生活などの状態を把握します。

では実際に問題をみていきましょう。問題1は、「あなたの名前を言ってください」といった姓名が名乗れるかどうかの問いです。問題2は「この中で男の子は手を上げてごらん」「女の子は手を上げてごらん」という性別を聞くものです。問題3は「夏はあついでしょう。冬は?」といった類推問題で、一人に一題ずつ出します。問題4は用途をたずねる問題です。たくさんの絵が描かれている紙を一人に一枚ずつ渡し、質問に合うものを指で差して答えます。たとえば「紙やきれを切る時に使うものは?」と聞き、はさみの絵を指せるかどうかをみます。問題5は数に関する問題です。一人に一〇個のおはじきを与え、「五つだけかぞえて並べてください」と指示し、数詞と集合数がわかるかどうかをみます。問題6は大きさの比較です。「ここにまるが二つ書いてありますね。どちらが大きいですか」などと聞きます。問題7は欠けている箇所を探す問題です。たとえば、タイヤのない車の絵を見せて、「何が足りないでしょう」と聞きます。ここまでが知能検査です。問題5までができる子どもは四歳の発達段階に到達しているとみなされます。

ここからは言語に関する問題です。問題8は構音の誤りや歪み等があるかを確認します。「ハサミ・キリン・スイカ・レイゾウコ・ボタン・デンシャ・クツ」の名称を一人ずつ全部言ってもらいます。その際に、①鼻ぬけ声、口蓋裂《こうがいれつ》、「スイカ→フイカ」、②吃音《きつおん》、「キリン→キ、キ、キリン」、③構音障害、言語発達遅滞、「ハサミ→ハタミ、ハシャミ」、④音声や話し方（言葉全体が不明瞭、際立った早口など）について注意して観察します。問題9は、今回の改訂にて追加された項目で、文字への興味や関心をたずねます。読み書きが苦手なディスレクシア、あるいは学習障害（LD）に関係があると考えられます。

そのほかに、面接や観察などを通して行動や態度、情緒面に課題のある子どもの発見に努めることが書かれています。参考例として、面接時に勝手に立ち上がったり、席をはなれたりする、視線が合いにくい、人前で話さない、などがあります。

発達障害の疑いがある子どもをスクリーニングする際に、文科省が作成した「教育支援資料」（平成二五年）を参考にすることや、事前に保護者や、幼稚園・保育園の先生から聞いた子どもの様子についての実態を把握し、面接時に参考にすることなどもマニュアルに提示されています。実態把握の方法として、英国のグッドマン（Robert N. Goodman）氏によって開発された質問紙法・SDQ（Strength and Difficulties Questionnaire）の紹介があります。その質問用紙には、子どもの多動・不注意、情緒面、行為面、仲間関係、向社会性（社会性がどのくらいあるか）の五項目についての質問が、二五個ランダムに書かれています。はじめの四項目は該当する質問にチェックした数が多いと、子どもや保護者などに対する、それぞれの項目についての支援の必要性が高いと考えられ、向社会性の項目は、逆に該当する質問にチェックした数が少ないと、支援の必要性が高いと考えられています。ＳＤＱのアンケートを事前に保護者などに答えてもらい、就学時健診の面接時の参考にするほか、その後に学校の先生が活用することも想定されています。

多くの自治体では、知能検査は学校の先生が行います。研修などがあるとはいえ、障害を診断する専門医や査定する臨床心理士とは異なるため、先生の見立てによって検査結果にバラつきがでる可能性があります。もちろん知能検査だけで就学先が決まるようなことはありませんが、検査結果によって子どもの進路が大きく変わる可能性があることを、先生たちは知っておかなければならないでしょう。

就学時健診後の流れ

市町村の教育委員会は、保護者に健康診断結果を知らせるとともに、必要に応じて治療勧告や保健指導を行います。また、発達障害を含む障害の疑いのある場合は、保護者に就学相談や、子育て支援、心理発達相談、かかりつけ医などの就学支援の情報を提供します。そして、就学時健診や就学相談の結果をもとに、就学する前年度の一月三一日までに、就学通知書が市町村の教育委員会より各家庭に送られます。就学相談において保護者と教育委員会との間で合意が得られない場合は、就学通知が遅れることがあります。

新しい「就学時の健康診断マニュアル」によって今後、まさと君のような子どもが、早期発見される可能性が高まるかもしれません。障害を早期発見することによって、保護者がむやみに子どもを怒るのを防いだり、子どもの自己肯定感の低下を防ぐことができると期待される一方、その支援方法については、改善の余地があるでしょう。たとえば、まさと君が利用した通級指導は、その利用者の増加とともに、支援方法も改良されていますが、課題も散見されます(五二―五四ページ参照)。

そのほかに、教育支援計画[8]作成の対象者を広げる試みや、子どもの情報を進学先へ積極的に引き継ぐことなどが計画されていますが、これについても、個人情報の管理や利用については慎重にならなければなりません。

就学相談を受ける人の増加

一方、障害のあるなしにかかわらず、ともに同じ教室で学ぶインクルーシブ教育の視点に立つとみえてくる課題があります。

文科省によると、翌年度に就学予定の子ども(小学校・特別支援学校小学部)のうち、市区町村教育支援委員会などの調査・審議対象となった人数をみると、二〇〇四(平成一六)年度の二万四七五〇人から二〇一六(平成二八)年度には約二倍の五万〇九八二人になりました。

調査等の対象になる子どもたちはなぜ増えているのでしょうか。さまざまな原因が考えられますが、障害の種類が増えたことや検査・診断の精度が高まったことなどが考えられます。

医学の進歩によって、さまざまな障害の状態像がわかるようになり、特別な支援を必要とする対象者が増えました。たとえば、発達障害は二〇年前にはあまり知られておらず、読み書きがたいへんな子や、コミュニケーションをとるのが苦手な子、衝動的に動いてしまう子などは、その子の努力が足りないからとか、親の教育が悪いからなどと責められ、理解が得られずにいました。しかし、いまでは教育的支援の必要な子どもとして特別支援教育を受けられるようになったのです。

また、「令第二二条の三」に該当する子どもの数も年々微増傾向にあります。該当する子どもの人数は、全国で二〇一二年度から六年間で約二〇〇〇人増えています。その原因ははっきりとはわかりませんが、高度な医療技術の進歩によって生命を救える子どもが増えてきたことや、教育相談で行われる検査・診断の精度と関係があるのかもしれません。

話は少しそれますが、けいすけ君のお母さんの語った言葉で気になることがあります。それは就学時健診に「障害があるとすぐにわかるような子」がいなかったということ。就学相談において、特別支援学校を提案され、本人や保護者も希望した場合、彼らは就学時健診を受けないことが多いのが現状です。実際に、就学相談で「令第二二条の三」に該当した子どものうち、約七〇%が特別支援学校に就学していることからも、このようなことはこれから先も続くと予想されます。

増加する特別支援教育を受ける子ども

文科省のデータによると、義務教育を受ける児童生徒の人数が年々減少しているのに対して、

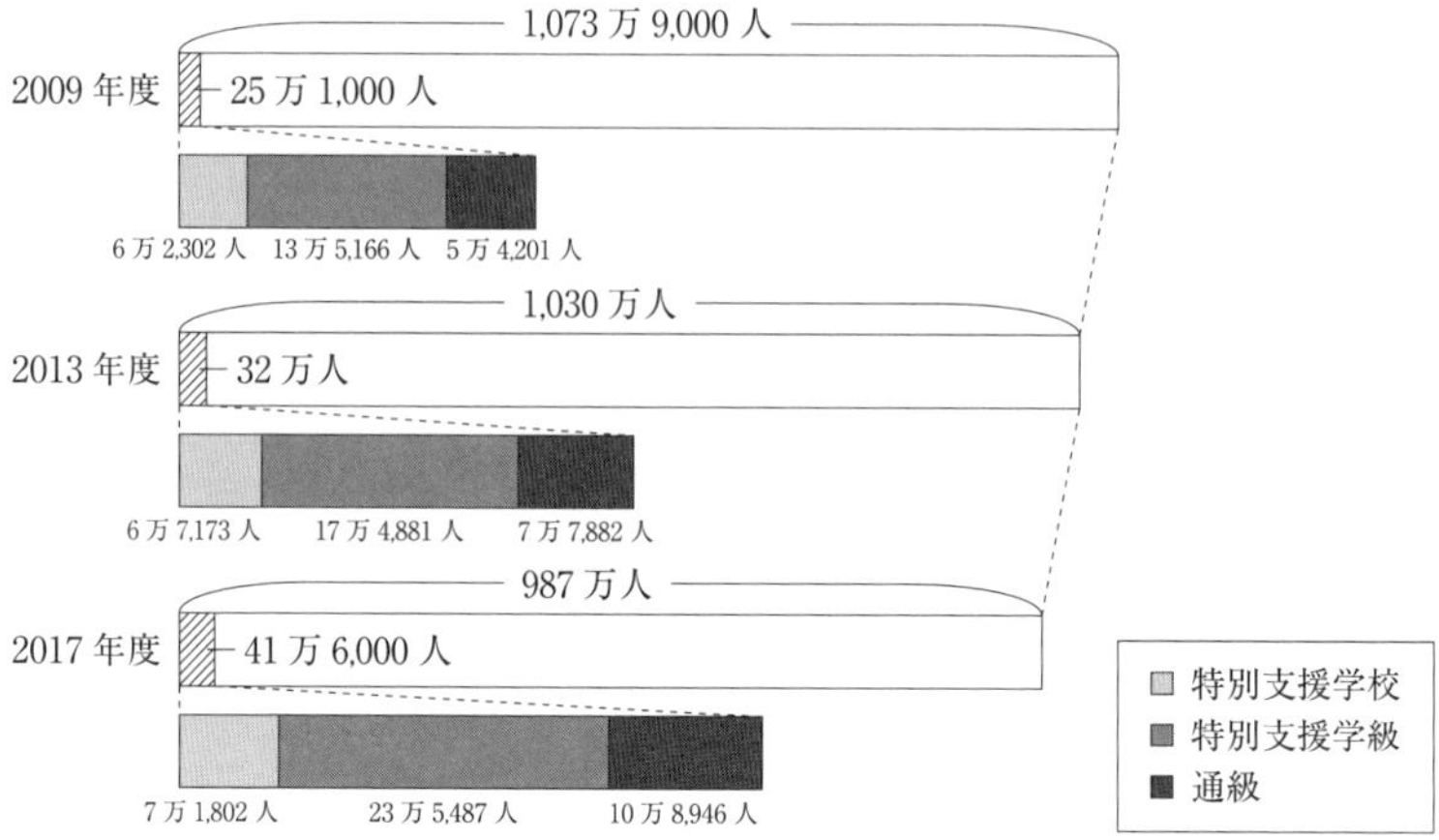

（文科省「特別支援教育資料（平成 29，25，21 年度）」「集計編」のデータより作図）

図 4　特別支援教育を受ける子どもの数

何らかの特別支援教育を受ける人数が増加の一途をたどっています。二〇〇九（平成二一）年度の義務教育段階の全児童生徒数約一〇七三万九〇〇〇人のうち、特別支援教育を受けた児童生徒は約二五万一〇〇〇人いました。それが、二〇一三（平成二五）年度には約一〇三〇万人のうち、約三二万人になり、さらに二〇一七（平成二九）年度には約九八七万人のうち、約四一万六〇〇〇人に達しました。なかでも、特別支援学級の増加が著しく、八年間で約一〇万人、続いて通級が五万五〇〇〇人増えました。

このような増加の背景のひとつには、二〇〇六年度から始まった通級制度の対象者の拡大があります。情緒障害学級から自閉症が分離され、学習障害（ＬＤ）と注意欠陥多動性障害（ＡＤＨＤ）が新たな対象者として通級制度に加わりました。その結果、障害のカテゴリーが拡大、細分化され、特別支援教育を受ける子どもたちの受け皿が広がりました。それとともに利用者が年々増え、二〇〇六年度には、全国の自閉症・学習障害・注意欠陥多動性障害の児童生徒は約七〇〇〇人でしたが、二〇一七年度には約五万四〇〇〇人になっています。一一年間で四万七〇〇〇人増え、実に七倍以上になりました。特別支援学級の増加は、それに連動していると考えられます。

特別支援教育を受ける子どもたちの増加は、制度的な充実とともに、本人の居場所の確保と保護者の満足感や安心感の顕れ《あらわ》と捉えることもできます。二〇〇三年に特別支援教室構想として、特別支援学級を廃止する法案が検討されていましたが、保護者からの不安と反対の声が強まり、結局その法案はなくなったこともそのひとつだと考えられます。

みえない壁を超えて

「令第二二条の三」に該当する子どものうち、特別支援学校に就学した子と小学校に就学した子の割合は、約七対三となっており、二〇一二(平成二四)年度から六年間変わることなく推移しています。また、小学校に就学した約三割の子どもたちのうち、圧倒的多数が特別支援学級に在籍しています。

これは、小学校の同じ教室で障害のある子とない子がともに学ぶインクルーシブ教育に対して不安や疑問をもっている人が多いということと関係しているのかもしれません。

一方で、実際に、ともに同じ教室で学びあう教育を望んでいる本人や保護者、そして共同体や地域社会などのコミュニティがあることも確かです。それはまた世界の動向でもあり、障害者権利条約にも謳《うた》われている教育の理念でもあるのです。

ここから一歩前進するためにできることはなにか。それは、障害があっても地域の小学校の同じ教室で学びたいと希望する子どもや保護者の声に耳を傾け、その希望に沿うような支援を提供することではないでしょうか。

(1) 障害のある子どもが社会的に自立することを目的として行われる医療や保育のこと。
(2) 五歳から一六歳の子どもを対象にした、世界でも広く利用されている代表的な子どもの知能検査で、主に小学校以降に使用されることが多い。
(3) 二歳から成人までの発達状態を調べる検査で、療育手帳を取得する際にも用いられる。
(4) ○歳から七歳までの知的能力、身体運動能力、社会性などの発達水準を測定する検査。
(5) 障害について医学的な分類による障害の程度を記したもの。
(6) 内閣総理大臣、官房長官、文部科学大臣、教育再生担当大臣、有識者が集まり、日本の教育改革の推進について話し合う会議。
(7) 発達に軽度障害がある状態をいう。主に三つの障害が挙げられ、読み書き計算などの特定の分野が苦手な学習障害(LD)、注意が散漫し、衝動的な行動をしてしまう注意欠陥多動性障害(ADHD)、対人関係を築くのがむずかしい自閉症スペクトラム障害(ASD)などがある。
(8) 就学時健診の場合、市町村教育委員会が、翌年度の就学予定者を対象に、それまでの支援の内容や教育的ニーズとその支援方法などについてを保護者や幼稚園・保育園など、保健、医療、福祉関係機関と連携して作る計画書のことを指すが、それ以外にも前述の園や機関で作成されている場合もあり、特定のものを指すわけではない。

第２章　就学時健診を多角的にみる

第２章では、就学時健診をさまざまな角度から概観します。具体的には、就学時健診の変遷、法的な手続きについて、就学先の学校や学級と特別支援教育の対象者について、そして現在の就学時健診の立ち位置について、などです。

就学時健診と関連する法律の歴史

就学時健診が始まったのは、いまを遡ること約六〇年前の一九五八(昭和三三)年です。

さらにその一二年前の、戦後すぐに「日本国憲法」が公布され、日本国民の「教育を受ける権利」(第二六条)が明記されました。それに基づいて、「教育基本法」が公布され、だれもが同じように教育の機会が与えられなければならないとする「教育の機会均等」の原則が規定されます。そして、憲法と教育基本法に沿って「学校教育法」が一九四七(昭和二二)年三月三一日に公布されました。学校教育法には、日本の教育制度を支える具体的な内容が示され、また障害のある子どもたちの教育についても言及されました。それは、障害のある子どもたちの教育権を保障すると同時に、普通教育とは異なる「特別に方法的な配慮を必要とする教育」を認めることにもなったのです。

そのような動きのなかで、就学時健診を定めた「学校保健法」が公布され、実施されたのです(二〇〇九年、学校保健安全法に改題)。そこには、市町村の教育委員会が就学時健診を実施しなければならないこと(第四条・現在第一一条)や、就学時健診の結果に基づき、治療を勧告したり、盲学校、聾学校、養護学校への就学について指導すること(第五条・現在第一二条)が書かれています。

その後、障害のある子どもたちの適切な教育を求めて調査や議論は活発になり、一九六一(昭和三六)年の学校教育法一部改正において、障害の細分化が行われ、翌年の学校教育法施行令第二二条の三に、対象となる障害の程度が規定されたことにより、就学する学びの場がはっきりと分けられるようになっていきます。

また、学校教育法に基づいて小中学校の義務教育制が順次実施されたのに対し、障害のある子どもたちの義務教育制は、盲学校と聾学校にとどまり、完全な実施は一九七九(昭和五四)年まで待たなければなりませんでした。義務制の実施は、就学先の明確な振り分けへとつながっていきます。

ところが、二〇〇二(平成一四)年までは、法律上で一定の障害のある子どもは例外なく盲、聾および養護学校に就学するとされていましたが、「社会のノーマライゼーションの進展や教育の地方分権の観点から」、同年の学校教育法の一部改正により、小中学校で「適切な教育を受けることができる特別の事情がある」場合には、「認定就学者」として小中学校への就学が認められるようになりました(二〇一三年に廃止)。

さらに二〇〇六(平成一八)年に教育基本法の改正で障害のある人の教育が明記され、二〇〇七

(平成一九)年の学校教育法改正において「特殊教育」から「特別支援教育」への転換が行われました。その後も、二〇一一(平成二三)年の障害者基本法の改正で「共生社会の実現」や、ともに学ぶ教育などが規定され、二〇一二(平成二四)年七月に公表された中央教育審議会(中教審)初等中等教育分科会報告を経て、二〇一三(平成二五)年の学校教育法施行令改正で、就学先の決定の仕組みが大きく変更されました。就学の決定にあたっては、基本的な前提として「市町村教育委員会が、本人・保護者に対し十分情報提供をしつつ、本人・保護者の意見を最大限尊重し、本人・保護者と市町村教育委員会、学校等が教育的ニーズと必要な支援について合意形成を行うことを原則と」することが約束されました。

手続き上の問題点

続いて、就学時健診から就学先が決まり、通知されるまでの法的な手続きについてみていきます。

市町村の教育委員会は、就学予定の児童に対して健康診断を行う義務があります(学校保健安全法第一一条)。具体的には市町村の教育委員会は、毎年一〇月三一日までに、その市町村に一〇月一日現在で住所のある、新入学者の学齢簿を作成しなければなりません(学校教育法施行令第二条)。そして一一月三〇日までに就学時健診を行い、その結果に基づいて、必要に応じて「特別支援学校への就学に関して指導を行うなどの適切な措置をとらなければならない」とあります(学校保健安全法第一二条)。

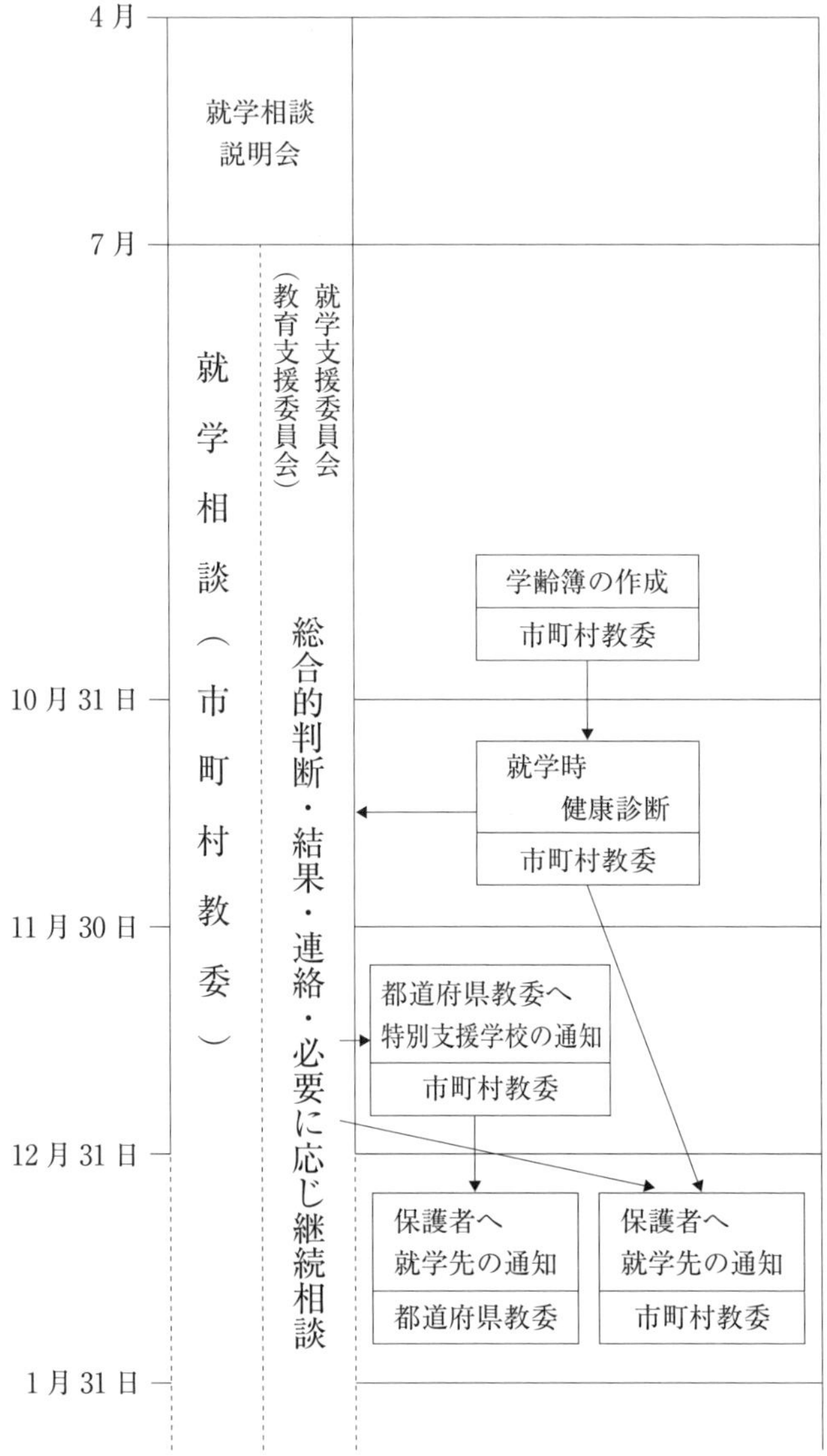

図5　就学相談から就学先決定までの流れ

小学校（通常学級・特別支援学級）の就学が適当と判断された児童は、入学する前年度の一月三一日までに、市町村の教育委員会が保護者に就学通知を出し（学校教育法施行令第五条第一項）、同時に小学校の校長に対しても児童の氏名と入学期日を通知します（学校教育法施行令第七条）。

教育相談などにおいて特別支援学校への就学が適当と判断された児童には、入学する前年度の一二月三一日までに市町村の教育委員会から都道府県の教育委員会に児童の氏名と特別支援学校に就学させるべき旨が通知されます（学校教育法施行令第一一条第一項）。このような児童を認定特別支援学校就学者と呼びます。都道府県の教育委員会は、該当する児童の保護者に、入学する前年度の一月三一日までに特別支援学校の就学通知を出し（学校教育法施行令第一四条第一項）、同時に特別支援学校の校長と市町村の教育委員会に対しても児童の氏名と入学期日を通知します（学校教育法施行令第一五条第一項）。

ここで二つの問題があります。一つめは期日についてです。施行令では、年内までに市町村の教育委員会は、児童の就学先を決定しなければならず、保護者には翌年一月三一日までに通知しなければならないとあります。しかし実際には、就学時健診後に受ける必要が生じたなどの理由により就学相談の時期が遅かったり、教育委員会の審議や保護者との合意に時間がかかり、その時期までに決まらないため、通知が遅れることがあるのです。

二つめは決定権についてです。入学先について、本人や親の意見を最大限尊重するようにと周知徹底されているものの、決定権は、いまもって市町村の教育委員会にあるということです。

東京都で障害のある子どもたちの相談を受けている弁護士から聞いた話では、保護者が就学相談で就学先の希望を伝えたにもかかわらず、入学直前に届いた就学通知が希望とは異なる就学先だったため、対応に困っているというケースが増えているということです。

就学先について

次に、進路の大きな分かれ道となる就学先の学校とその特徴についてみていきましょう。

文科省は、「共生社会」の形成に向けて、障害のある子もない子も同じ場所でともに学ぶことを目指しながらも、さまざまな教育的ニーズに応えられるように連続性のある「多様な学びの場」を用意していくことが必要だといっています。矛盾したようにも思われる表現ですが、これがどのように機能しているかをみていきます。

就学先は大きく分けると二つあり、主に市町村の教育委員会が管轄する小学校と主に都道府県の教育委員会が管轄する特別支援学校です。児童は、公立小学校の場合は、通常学級か特別支援学級に学籍をおきます。特別支援学校の場合は、小学部に学籍をおきます。学校として認められていないインターナショナルスクールやフリースクールに通う児童も、地域の小学校に学籍がおかれます。また、通常学級に在籍しながら必要に応じて通級に通う場合もあります。

学校数、先生と子どもの人数、教育費を比べる

この二つの就学先を学校数、子どもと先生の人数、そして教育費の三つから比較し、特徴と問題点について考えます。

まずは公立の小学校数と特別支援学校(小学部)数についてです。文科省によると、二〇一七(平成二九)年度の全国の公立小学校数は二万九五校に対して、国・公・私立の特別支援学校(小学部)数は九七一校あり、その差は、約二一倍です。小学校数に比べ、特別支援学校数が非常に少ない

ため、住んでいる地域にない場合が多く、特別支援学校に通う子どもたちの多くは、スクールバスなどを利用して通学しています。往復二時間以上かけて隣の市町村の支援学校に通う子どもも珍しくなく、通学だけでも大変な思いをしています。さらに遠方の場合は、親元をはなれ、寮生活をしなくてはなりません。

次は子どもと教員の人数についてです。二〇一七年度の全国の国・公・私立の特別支援学校（幼稚部から高等部）の在学者数は約一四万二〇〇〇人、本務教員数は約八万四〇〇〇人です。それに対して、公立の小学校の在学者数は約六三三万三〇〇〇人、教員数は約四一万二〇〇〇人です。教員数と在学者数を比べると、単純計算で公立の小学校が子ども約一五・四人に対して一人の教員が付くのに対して、特別支援学校は子ども約一・七人に対して一人の教員が付きます。これは特別支援学校が一人ひとりのニーズに応じた手厚い支援を受けられる理由のひとつになっています。

これに伴い教育費にも大きな差が出ています。文科省によると二〇一五（平成二七）年度における公立小学校の児童一人あたりの学校教育費は九四万七二六九円に対して、特別支援学校では七二六万八〇九五円で、およそ七・七倍の差があります。主な要因は教員の給与です。

一九九四年にユネスコによって出された「サラマンカ宣言」では、インクルーシブ教育が提唱され、インクルーシブな学校は、「大多数の子どもたちに対して効果的な教育を提供し、効率性をあげて結局のところ教育システム全体の経費節約をもたらす」と主張しています。

近年、日本では、教員の定数について定めた義務教育標準法（公立義務教育諸学校の学校編成及び教職員定数の標準に関する法律）が改正され、通級指導にあたる教員（巡回指導教員）などを正規に雇用しやすくなる仕組みに変わりました。これをいち早く取り入れた東京都では、現在、公立小学校の「ことば」や「きこえ」の教室がある「特別支援教室」拠点校と呼ばれる小学校に、正規雇用の教員を配置しています（拠点校は数校に一校程度あります）。

非正規雇用の教員は、雇用が不安定なため、通級指導において、長期的に支援することが難しく、通常学級の担任や学校全体と連携して子どもを見守れないなどの課題がありました。今後は、学校の一教員として、特別支援教室だけにとどまらず、各クラスや学校全体での教育的支援が求められます（六六―六八ページ参照）。

しかし、これらの取り組みは通級や特別支援学級、通常学級の先生の場合、つまり、小学校の教育費内にとどまっています。

サラマンカ宣言に謳われているような、特別支援学校の先生を取り込んだ改革を日本で実現するのはかなり難しい状況ですが、改革の足がかりとして文科省の推奨する「交流及び共同学習」（五八―六〇ページ参照）から始めてみるのはどうでしょうか。課題もたくさんありますが、小学校と特別支援学校の子どもたちとともに、先生たちが出会い、交流し学び合える場となっており、今後の活用が期待されます。

就学先① 小学校

ここからは就学先について詳しくみていきます。小学校では主に三つの学びの場があります。

通常学級、通級、そして特別支援学級です。

〈通常学級〉

通常学級においては、学習指導要領に基づく教育が行われます。もしも支援が必要と思われる子どもがいた場合には、適切な教育的支援を行わなければならないことが、文科省の「発達障害を含む障害のある幼児児童生徒に対する教育支援態勢整備ガイドライン」に示されています。それによると、医師による障害の診断がなくても特別な支援が必要と考えられる子どもがいる場合は、特別支援学級や通級だけでなく、通常学級の先生も特別な教育的支援を提供できなければならないことが求められています。

〈通級〉

通級については学校教育法施行規則の第一四〇条と一四一条に書かれています。小学校学習指導要領解説総則編（平成二〇年六月）によると、通常学級に在籍している比較的軽度障害の子どもを対象としています。具体的には言語障害者・自閉症者・情緒障害者・弱視者・難聴者・学習障害（ＬＤ）者・注意欠陥多動性障害（ＡＤＨＤ）者・肢体不自由者・病弱および身体虚弱者が、授業の一部を特別な教育課程に変更して、通級指導教室や特別支援教室などの特別な場で受ける教育のことをいいます。これら対象者は基本的に知的障害が伴っていないと考えられています。授業の人数構成はマンツーマンから少人数制まで幅広く、学習内容も自治体や学校によってさまざまです。

文科省の「特別支援教育資料（平成二九年度）」によると、二〇一七年度の全国の小学校の通級指導を受けた子どもは合計約九万七〇〇〇人いて、そのうち言語障害の指導を受ける子どもが約四割と最も多く、続いて自閉症、注意欠陥多動性障害、学習障害と続きます。中学校では一万二〇〇〇人中、学習障害が最も多く約三割弱で、自閉症、注意欠陥多動性障害、情緒障害と続きます。通級に通う子どもの人数は、圧倒的に小学生が多いです。

二〇一八年度から高校においても通級がスタートしました。二〇一八年四月二〇日の『読売新聞』によると、全国で一二三校が実施予定で、学校数が最も多いのは兵庫県と山口県の九校です。一～二校で行う予定の地域が最も多く、三一都府県です。次年度以降に実施するところもあり、都道府県により状況は異なります。

〈特別支援学級〉

特別支援学級については学校教育法第八一条に定められており、第一項には教育の目的として、「障害による学習上又は生活上の困難を克服するための教育を行う」こと、第二項には対象者として知的障害者・肢体不自由者・病弱および身体虚弱者・弱視者・難聴者・その他（言語障害者・自閉症・情緒障害者）の六つが挙げられています。障害の程度としては、たとえば知的障害者の場合は「知的発達の遅滞があり、他人との意思疎通に軽度の困難があり日常生活を営むのに一部援助が必要で、社会生活への適応が困難である程度のもの」とされています（文科省「障害のある児童等に対する早期からの一貫した支援について（通知）」平成二五年一〇月四日）。特別支援学級（小学校・中学校）の学級編成の標準は一学級あたり八人です。

すべての学校に特別支援学級があるわけではないため、学区域の小中学校に支援学級がない場合は、他校に通わなければなりません。特別支援学級での取り組みは自治体や学校によって異なり、多くの時間を特別支援学級の教室で過ごすところもあれば、ほとんどを通常学級で過ごし、授業や生活をともにする学校もあります。

二〇一七（平成二九）年度の全国の小学校の特別支援学級の子どもは、合計約一六万七〇〇〇人いて、そのうち自閉症・情緒障害が最も多く約半数で、次に知的障害が続きます。中学校は合計約六万八〇〇〇人いて、知的障害が最も多く半数以上で、自閉症・情緒障害が続きます。

就学先②　特別支援学校

特別支援学校については、学校教育法の第七二条から八〇条に規定されています。教育の目的は、幼稚園・小学校・中学校・高校に準じる教育をすることや、障害による学習上または生活上の困難を克服して自立を図るために必要な知識や技能を教えることとあります。実際には特別支援学校の学習指導要領に基づいて行われています。対象者は視覚障害者・聴覚障害者・知的障害者・肢体不自由者・病弱者の五つに分かれており。障害の程度については「令第二二条の三」に記されており、就学先の判定基準の一つにもなっています。たとえば、知的障害者は、「一、知的発達の遅滞があり、他人との意思疎通が困難で日常生活を営むのに頻繁に援助を必要とする程

度のもの　二、知的発達の遅滞の程度が前号に掲げる程度に達しないもののうち、社会生活への適応が著しく困難なもの」とあります。

二〇〇七年度の特別支援教育制度への転換によって、これまでは単一障害の盲学校、聾学校、養護学校がほとんどでしたが、複数の障害をまとめる特別支援学校が増えました。また、支援学校に通う子どもたち全体の約四〇%に、重複障害があります。二〇二〇年度から本格的に始まる特別支援学校の新学習指導要領において、障害の状態がさまざまで教育的ニーズも多岐にわたる重複障害児の教育的支援が重点的に考えられています。彼らの学級編成は、単一の障害学級よりも少人数で、一学級三人です。

『特別支援教育基礎論』(放送大学教育振興会)によると二〇一六年度においては、特別支援学校の子どもたちは、単一障害のうち、知的障害児が約七八%を占めており、以下、肢体不自由児、聴覚障害児、視覚障害児、病弱・身体虚弱児と続きます。

特別支援教育の対象者

就学先は、障害の程度だけではなく、総合的な観点から決定される仕組みに変わりました。その改正を受けて、文科省の「教育支援資料」では、通常学級を含めた「多様な学びの場」で特別支援教育が行われるという視点で、障害の種類や状態、教育支援の方法について書かれています。はじめに「教育支援資料」と類書をもとに、特別支援教育の対象者とその状態を紹介します。

▼知的障害　同年齢の子どもと比べて、「認知や言語などに関わる知的機能」が著しく乏しく、

コミュニケーションや日常生活、社会生活に困難があり、特別な支援や配慮が必要な状態をいいます。

▼**視覚障害**　光や色、形などの視覚情報が病気や機能低下によって、永続的に見えなかったり、見えにくくなったりする状態をいいます。

▼**聴覚障害**　聴覚の構造や機能が十分に働かないため、身の回りの音や話し声が聞こえなかったり、聞こえにくい状態をいいます。

▼**肢体不自由**　身体の動きに関わる器官が病気やケガなどで損なわれ、日常生活で歩行や筆記などの困難がある状態のことをいいます。

▼**病弱・身体虚弱**　病弱とは、心身の病気のために弱っている状態、身体虚弱とは身体が不調な状態が長く続いたり、病気にかかりやすい状態のことをいいます。

▼**言語障害**　さまざまな理由で話し言葉によるコミュニケーションがうまくいかず、またそのために心理的な影響を受けることもあり、日常生活上、困難のある状態をいいます、大きく分けると①口蓋裂などの器質的なものや幼児期に誤って学習されたものが固定化した、機能的なものの構音障害、②吃音などの話し言葉の流暢性に関わる障害、③語彙や文の構成、読み書き、場面に即した言葉の使用などの困難、の三つがあります。

▼**情緒障害**　状況に合わない感情や気分が持続し、問題行動を起こしたりしてしまうが、自分の意思ではコントロールができず、学校生活や社会生活に支障をきたす状態をいいます。自閉症のような脳機能の特異性によるものと、心理的な要因によるものがありましたが、二〇〇六年の学

校教育法施行規則の改正により、情緒障害から自閉症が分けられたことにより、現在では、選択性かん黙（特定の状況で言葉を発せない）や不登校、多動・常同行動・チックなどの心理的な不安や葛藤からおこるとされる状態の子どもが対象になっています。

▼自閉症　「コミュニケーションと想像力の発達に偏りがあり」、「ことばを獲得していても、場面に応じて適切に使うのがむずかしく、言外の意味や表現されない気持ちや状況を想像できないことから、人づきあいが苦手なことが多」く、「想像力のとぼしさから、同じ動作を反復したり、変化を嫌うなどのこだわり行動を示」したり、「聴覚、触覚、味覚、嗅覚などの感覚の過敏や鈍感という特徴」があります。高機能自閉症やアスペルガー症候群などが含まれることもあります。

▼学習障害（ＬＤ）　学習に必要な能力に凸凹があり、聞く・話す・読む・書く・計算する・推論するのいずれかにあるいは複数に困難のある状態のことをいいます。

▼注意欠陥多動性障害（ＡＤＨＤ）　「注意が散漫であったり、動きが多かったり、考えもせず衝動的に行動してしまうなどが顕著」であることをいいます。

そのほかに、**重複障害**があり、障害が二つ以上ある状態のことをいいます。

さらに、先ほど触れたように、通常学級にいる学習面や行動面において困難を抱えている子どもたちも支援対象になっています。二〇一二年の文科省の調査によると、小中学校の通常学級に六・五％の割合でそのような子どもたちが在籍している可能性があるという結果がでています。

通常学級における教育支援の方法

次に教育支援の方法についてです。紙面の関係上、ここで詳細を記すことはできませんが、ひとつだけ、注目する点を紹介します。それは、特別支援教育の対象者すべてが通常学級においても教育的支援を受けることを前提に書かれていることです。

しかし、よく読むと、障害の種類や程度によっては、通常学級での特別支援が難しいことがわかります。たとえば、知的障害の場合、通常学級では、個別に特別な指導内容を設定できないという前提があり、指導内容を基本的な事柄にしぼって指導するよう提案されています。この場合、担任が授業全体の進行をしながら、そういった子どもたちに目を配らなければならないため、容易ではありません。さらに、彼らには特別支援教育支援員が付けられないことが多く、結局、見過ごされてしまうことになってしまいます。

そのような現状のなかでも、通常学級でさまざまな取り組みをしている先生方がいます。『つまり、「合理的配慮」って、こういうこと?!――共に学ぶための実践事例集』(現代書館)には、小中学校の実践が紹介されています。たとえば、小学一年生の国語の授業の場合、知的な発達がゆっくりな子どもを中心に授業が展開され、最終的に、クラス全体が発展的な学習をすることができたという報告があります。このような取り組みが、今後もさまざまな学校で行われることを期待します。

なお、各就学先における教育内容や特別支援については第3章をご覧ください。

早期発見・支援の一部となる就学時健診

かつて、就学時健診は学びの場を振り分ける関門となっていましたが、いまでは、早期発見・早期支援の一部となり、就学時健診を取り巻く問題はわかりにくくなっています。

この早期発見・早期支援の取り組みは、二〇一二年四月に改正された児童福祉法にみることができます。かつては、年齢に関係なく、施設に関することは児童福祉法、事業に関することは障害者自立支援法が担っていましたが、改正後は、年齢で分けられ、一八歳未満は児童福祉法、一八歳以上は障害者自立支援法の管轄になりました。それに伴い、障害のある子どもたちを早期に発見し、さまざまな支援を提供し、成人になった後でも継続的な支援を行うという一元化された仕組みへと変わりつつあります。

その結果、就学前の子どもたちを対象とした、療育を含む児童発達支援が身近なところで受けられるようになり、また、利用者も増えています。そして、その波は、就学時健診を経て、特別支援教育へとつながりつつあるのです。

実際に、このような試みが行われました。文科省による「早期からの教育相談・支援体制構築事業」として、全国の一部の市区町村で、市町村の教育委員会と保育・福祉・保健・医療などとの連携役として、早期支援コーディネーターのような専門スタッフを用意し、連携して就学相談を行うという取り組みです。

地域で温かく見守って

そのようななか、一連の手厚い支援に対して疑問をもつご両親もいます。

東京都区内に住むやすゆき君(仮名)は幼稚園に入園する前の慣らし保育で月に一回程度、幼稚園に通っていました。しかし、お母さんから離れて子どもたちだけで遊ぶ環境に馴染めず、行くたびに泣いていました。心配になったお母さんは、三歳児健診のときに、小児科の先生に相談すると思いもよらない言葉を投げかけられたのです。それは、「発達障害かも」との一言。たいへんショックを受けたお母さんは、先生の勧められるままに、心理カウンセラーによるカウンセリングを受けました。心理カウンセラーからは、大丈夫だと思うが、お母さんが心配なら、と療育のパンフレットを手渡されました。小児科の先生の一言が頭から離れず、不安と不信感でいっぱいになっていたお母さんですが、その後、友人や幼稚園の先生に相談していくなかで冷静さを取り戻していき、もう少し様子をみようと決め、そのまま幼稚園に入園しました。

年少の頃は、集団生活に馴染めず、幼稚園に行きたくない日も多かったやすゆき君。担任の先生から片時も離れずにいることも多かったそうです。お母さんの不安が再び募りつつあったある日、幼稚園の経験豊富な先生に声をかけられました。「やすゆき君は大丈夫、しっかりしていますよ」と。お母さんはその言葉にどれだけ救われたことでしょう。そしてそれを支えに、やすゆき君をのびのび育てていこうという強い気持ちが芽生えたのです。

変化は、やすゆき君が年中になってすぐのころにおとずれました。学年があがり、お兄さんになったという自覚が生まれると、幼稚園に行くことが楽しくなったのです。また、なんでも自分でやりたいと主張し、運動会などの行事も積極的に参加するようになりました。

発達支援という名のもとに、子どもを安易に障害という目でみるのではなく、幼稚園や保育園などの地域で温かく見守り、支え合うことで子どもは成長していけるということを、やすゆき君の事例は教えてくれています。

放課後等デイサービス

先ほど紹介した児童福祉法により、就学前だけでなく、就学後の発達支援も充実しました。その一つに「放課後等デイサービス」があります。これは障害のある六～一八歳の子どもが利用することができ、「生活能力の向上のために必要な訓練」や、「社会との交流の促進」などを目的として提供されるサービスです。利用料は利用頻度や保護者の所得によって変わりますが、市区町村が発行する「受給者証」があれば一割の自己負担で利用できます。

このサービスは学童保育を利用できない子どもたちのために必要に応じて作られました。サービスは事業所によってさまざまですが、障害の特性に合った療育が行われ、年々ニーズが高まっています。制度がスタートした二〇一二年には利用者が全国で約五万人でしたが、二〇一六年には約一四万人にまで増えました。自宅まで車で送迎するサービスもあり、親子が安心して利用できるのも特徴です。

しかし、利用者の増大とともに、サービスの内容について、疑問視する声も多くなっています。二〇一七年一二月二四日の『朝日新聞』には、テレビで「アニメを見せるだけ」で心配という保護者の声が紹介されました。国は、事業所の自己評価に加え、利用者や保護者に評価してもらうなどの対策を立てていますが、利用者の増加に対して、質が追いつくかどうか懸念が残ります。

もう一つ、心配なことがあります。それは就学前の支援についてもいえることですが、学校だけでなく、就学前や放課後に過ごす場さえも分けられてしまっているのではないかということです。就学前は療育だけに通い、入学後はスクールバスで特別支援学校に通い、下校すると、放課後等デイサービスに行き、車で自宅まで送ってもらう、というのは保護者の目線に立つと安心であり、社会からみても安全です。しかし、それによって、学校や街なか、近所などでいろいろな人と出会うチャンスが減り、社会のなかでの学び合いや成長する機会を奪っているのではないか……。学童保育と放課後等デイサービスの連携など、多様な子どもたちの出会える機会が増える方法も考えなくてはならないのではないでしょうか。

高等部の就労支援

乳幼児から高校生に至るまで、教育をサポートするように療育の機会が充実してきていますが、そもそも学校教育とは何か、と疑問を呈したくなることが特別支援学校の高等部で起きています。それは就職に特化したエリート校のような存在です。

近年、このような支援学校が増え、入学するのは狭き門で、特別支援学校の〝受験戦争〟ともいうべき事態が発生しています。かつては、希望すれば入学することができた支援学校でしたが、希望倍率が高い支援学校ではそうはいきません。

このような学校では、就労に特化した専門性を高めるコースが用意され、一年生から職業訓練に多くの授業時間が組み込まれています。各学年ごとにいくつかのコースを実習で経験しながら自分にあった職種を探し、そのまま就職につながっていくカリキュラムは保護者にも好評と聞いています。しかし、その一方で、教科学習の時間が大幅に少ない教育課程になってしまっているのが現状です。実際、私たちの塾に通う子どものご両親からは、教科教育の補充をしてほしいとの要望をいただくこともあります。

良いところに就職して安定した生活が送れることが、子どもにとっても自分たちにとっても幸せなことというのは、多くの保護者が抱く共通感覚ともいえるでしょう。とはいうものの、学校を職業訓練校にしてしまうのはやはり、子どもの学習権や発達の権利を阻害しかねない由々しき事態です。高等部の学びを保障するとともに、卒業後に就職につながるサポートが受けられる職業訓練校の充実、あるいはさらなる進学を希望する場合の学校などの受け皿の拡大が求められます。

第3章　特別支援教育のいま

就学後に、さまざまな場において、学びに困難のある子どもたちが受ける特別支援教育とは、一体どのようなものでしょうか。第３章では、新学習指導要領を中心に、多様な場で行われる特別支援教育の内容をみるとともに、学年が上がるにつれて再考される学びの場の選択、特別支援教育を行う先生の資格、そして最後に東京都で導入された特別支援教室について触れます。

新学習指導要領

まずはじめに、二〇二〇年度から全国の小学校で全面的に実施される新学習指導要領をもとに、特別支援教育の内容をみていきます。

全国の小学校からはじまり、二〇二一年度に中学校、二〇二二年度に高校において新学習指導要領をもとにした教育が開始します。特別支援学校新学習指導要領も、同様に小学部は二〇二〇年度、中学部は翌年度、高等部は翌々年度に始まります。ただし、総則部分については一部を除いて二〇一八年度から始まっています。

およそ一〇年に一度の改訂を行う学習指導要領ですが、今回の改正で注目したいところは、まず学校教育が社会で広く共有されるために作られた前文が新たに加わり、「社会に開かれた教育課程」が謳《うた》われたこと。それから、総則において学校全体で教育の質的向上を目指す「カリキュラム・マネジメントの充実」や、障害に限らず子どもたちのさまざまなニーズに応じた発達支援の必要性が明記されたことです。

さらに、これまでの小中学校の指導要領に記されていなかった通級や特別支援学級の特別な教育課程と、通常学級において学びに困難のある子どもがいた場合の具体的な支援方法について記述されたことによって、通常学級を含むすべての先生が特別な支援教育を行うものとなったことは画期的です。具体的な支援とは、たとえば、一人ひとりの教育的ニーズにあった学習のねらいや目標などについて学校側が用意する個別の学習指導計画書や、学校が関係機関と連携をはかるために用意される教育支援計画書の作成です。

さまざまな発達支援

前述した事柄のうち、さまざまなニーズに応じた発達支援について詳しくみていきます。小学校学習指導要領の第1章総則・第4「児童の発達の支援」・2の「特別な配慮を必要とする児童への指導」には、障害のある子どもだけでなく、海外から帰国して日本語習得に困っている子ども、不登校の子どもなど、さまざまな困難のある子どもへの配慮が記されています。

実際にいま、重国籍のために就学猶予・免除を受けている子どもが増えています。このような子どもたちは、日本語を習得しておらず、また文化が異なるために集団生活のなかでどのように振る舞えば良いか困っており、どう支援するかが新しい特別支援教育のニーズであるといえます。

二〇一八年六月二四日の『朝日新聞』によると外国人の子どもが急速に増えたある地域では、発達状態が言語によるものなのか、障害によるものなのか判断がつかないまま既存の特別支援学級に割り振られ、日本語学習などの適切な支援を受けられていないことがあるといいます。

また、不登校も依然として大きな問題であり、文科省が発表した「児童生徒の問題行動・不登校等生徒指導上の諸課題」（二〇一七年度速報値）によると、二〇一七年度の不登校の子どもの数は五年連続で増え、一六年ぶりに過去最多の一四万四〇三一人に達しました（全国の小中学校と特別支援学校小・中学部の合計）。

このような不登校の子どもたちの支援・対策として、「教育機会確保法」が作られました（二〇一七年二月施行）。日本大百科全書によると、不登校の子どもが通いやすい民間のフリースクールや公立の教育支援センターなど、学校以外の教育の機会を確保する施策を国と自治体に課しています。また、学校に戻ることを前提としたこれまでの不登校対策を転換し、子どもや保護者に学校以外の施設など、さまざまな情報を提供することも求めています。施行して間もない法律ですが、不登校の子どもが増加するなか、どのように機能していくか注視する必要があります。

時代とともに子どもたち一人ひとりの背景は複雑になり、そして深刻です。障害だけでなく、家庭環境や貧困、国際化に伴う言語や差別の問題など、一点からではなく多面的に子どもを見るまなざしが求められます。

通常学級での学習支援

ここからは、「多様な学びの場」で行われる特別支援教育の指導内容について、新学習指導要領をもとにみていきます。

はじめに、通常学級にて行われる特別支援教育です。通常学級の授業をする際に、学びに心配がある子どもたちに対して行う、教科における支援方法が、「各教科の指導要領解説」の第四章・1「指導計画作成上の配慮事項」・(5)の「障害のある児童への指導」に書かれています。たとえば算数では、「商」や「等しい」など日常ではあまり使わない言葉や、「平均」や「単位あたり量」、「平行」、「垂直」などの抽象的な言葉を理解することが難しい子どもには、具体的なイメージがもてるように、その子どもの興味・関心に応じた題材を使って、わかりやすい言葉に置き換えて説明するよう先生に求めています。そのほかに文章の読解、空間図形、データのグラフ化の理解が難しい子どものための指導法が記述されています。

通常学級において、さまざまな障害のある子どもたちにこのような教育支援の実践例を増やしていくことが今後、期待されます。

連携した教育支援

小学五年生のともき君(仮名)と学んでいる遠山真学塾の講師が日頃、お母さんから話を伺い、感じていることや問題点について次に紹介します。

ともき君は集団での活動に難しさを持ち、一斉授業で集中して学ぶことは大変です。ずっと通常学級に通い、さまざまな刺激を受けながら大きく成長している彼ですが、本人とご家族の苦労は計り知れません。

ともき君の学習には、先生と家庭との連携が大切になってきます。たとえば計算であれば、彼がやりやすい方法を見つけ、そのやり方を尊重してもらうことや、必要な教具があれば使わせてもらうこと。また、特別支援教育支援員が間に入ってのサポートがあれば、より安心して学べます。

しかし、支援員の配置は自治体の予算配分によるところが大きいのが現状です。先生によっては、通常学級で学びやすい環境を作るより特別支援学級に移る方が良いと考えるかもしれません。ともき君も、支援員を自前でまかなわなければならない年もあり、担任の先生が変わる時は、理解を得られるか気にしなければなりませんでした。

教科によって得意不得意はどんな子にもあります。何らかの難しさはみんな持っているでしょう。ともき君が学びやすい環境は、どんな子も安心できる場となるはずです。教員や支援員を増やす予算をもっとかけるべきです。そうすることで、先生が教材や教具の工夫をする余裕も出てくることと思います。新学習指導要領が、先生の工夫の余地を残すものとなるかどうか、私たちも注視していきたいです。

通級の特別な教育課程

次に通級です。通級の特別な教育課程においては、自立活動（特別支援学校小学部中学部　新学習指導要領第七章）と教科の補充を中心に取り組まれます。その際、通級指導の先生と通常学級の担任が連携して子どもたちの支援にあたることが求められています。自立活動の内容は、今回の改訂により「1　健康の保持」のところに「障害の特性の理解と生活環境の調整に関すること」が加わり、二六項目から二七項目に増えました。

追加された項目については、たとえば、授業中にそわそわしてしまう子どもがいたときに、なぜそうなるのかを考え、その原因を改善するための支援を行います。先の見通しが立たないことが原因で不安になっていた場合、はじめに授業の流れを確認する作業を入れることによって落ち着いて勉強ができるようになる、というものです。教科の補充についても、自分の障害の特性の理解とそれに伴う行動が大切です。たとえば、計算が苦手な子どもに計算問題をひたすらたくさんやらせるというのではなく、計算するにあたりどのような大変さがあるのかという視点にたって対応します。暗記が苦手な子どもには暗算ではなく筆算を使ってみたり、数字を書くのが苦手な子どもには口頭で答えてもらったり、パソコンなどの補助機器を使うなど、自分に合った方法を見つけて理解を深めることを目的とし、通常学級における学習に活かします。指導にあたっては個別の教育支援計画の作成や、個別の指導計画の作成が求められています。

私たちの塾に通う子どもの保護者から聞いた話によると、通級指導では、視覚的機能を鍛えるビジョントレーニング（バランスボールやトランポリンを使った運動など）や対人関係やコミュニケーションについて学ぶソーシャルスキルトレーニング（小集団によるゲームや料理、工作など）のような自立活動の授業が行われており、教科を補充する授業は実際にはあまり行われていないようです。そのため、通常学級の教科教育の遅れは自分たちで補わなければならず、本人や保護者の負担が大きくなることがあります。

ももかさんの特別支援

ももかさん（仮名）は、東京都区内の小学校に通う一年生です。この小学校は、特別支援学級の子どもが、多くの時間を通常学級で過ごせるようなカリキュラムを組んでいます。ももかさんは、通常学級に在籍しながら、特別支援教室（通級）を利用しており、週に一回、集団の授業と個別の授業を受けています。集団の授業では、他学年の子どもたちとゲームをするなどのソーシャルスキルトレーニングを行い、集団行動の訓練をし、個別の授業では、ワーキングメモリーを鍛える学習やビジョントレーニングを行っています。

支援教室の先生（巡回指導教員）とは、毎週連絡帳によるやり取りが行われており、お母さんはももかさんの様子や学習内容がわかり、ご家庭でも役立つとおっしゃっています。

また、入学後に受けたＷＩＳＫ-Ⅳ（二六ページ、注（2））の検査結果をもとに、夏休みにお母さんと担任、支援教室の先生が集まり、ももかさんの学習サポートについて話し合いが持たれました。一斉授業の際、教科書の指定されたページを開くのが苦手だったももかさんでしたが、補助具を使い、見つけやすい工夫がなされるようになり、二学期から勉強に集中できる環境が整えられたことをお母さんはうれしく思っています。

一方で、就学前に受けた田中ビネー検査(二六ページ、注(3))では、数や空間認知能力が苦手という結果が出たため、支援教室の授業で、算数の教科サポートをしてほしいと思っていますが、自立活動に重きが置かれ、教科の補充がなされないことに、不満を感じてもいます。

今後は自立活動とともに、教科の補充についても注力されることが必要だと思われます。

特別支援学級の教育課程

続いて特別支援学級です。特別支援学級の教育は、基本的には小中学校の学習指導要領に沿うようになっていますが、特別な教育課程においては、自立活動を取り入れることや、子どもの障害の程度や学級の実態にあわせて、下の学年の教科を教えたり、特別支援学校の教科内容に代えることができます。

このように、特別支援学級で行われる特別の教育課程は、学習内容の選択の幅がとても広いため、適切な学習指導要領や系統的な教科書がありません。これは多様な障害のある子どもたちに対応しやすくなる一方で、逆に幅が広いがゆえに、適当な学習計画が立てられず曖昧な指導になってしまう危険性があります。学習指導要領では、長期的な視点で支援を行う個別の教育支援計画や、各教科の指導についての個別の指導計画の作成を徹底するように求めていますが、特別支援学級の担任が計画を作っても、他のクラスの先生や支援学級をとりまとめる先生など、比較・検討する対策がきちんとなされなければ、個別に作られる計画が子ども一人ひとりに本当に合っているかを判断することが非常に難しいというのが現状です。適当な計画が作られているか否かの問題は、特別支援学校教諭免許を持つ教員が特別支援学級の担任に少ないことにも関係があると考えられます（六五―六七ページ参照）。特別支援学級の学習指導についても、学校全体で行う「カリキュラム・マネジメント」に組み込んで進めることが必要ではないでしょうか。

系統立てたカリキュラムを

かつて私たちの塾に通っていた小学四年生のらんさん（仮名）と学んでいた講師が、塾の授業や保護者からのお話を通して感じた、特別支援学級の様子や問題点について次に紹介します。

らんさんが三年生のときに通っていた特別支援学級では、学習内容によってグループに分かれて勉強をしていました。彼女のグループでは、くり上がりのたし算、くり下がりのひき算、かけ算、わり算と四則計算の基礎を一通り学び、計算の意味も具体的なものを使うなど学ぶ工夫もされていて、塾では多位数の計算などもっと難しい問題にも挑戦することができました。ほかにも長さや重さ、液量、形など、基本的な学びが系統立てて計画的に進められていました。

特別支援学級は、いろいろな障害の子どもたちが集まっていることから、らんさんの学級のように教科教育を系統立てて教えるケースは珍しいことです。学習指導要領の中で「特別支援学級の教育は通常学級に準ずる」と記され、教科書もないなか、何をどのように教えるかは担当の先生に任されるのが現状ということです。学年が上がっても、同じような内容のプリントを何度もくり返し、なかなか先に進まないということもよく耳にします。

うまくいっていると思っていたらんさんも、学年が上がってから担当の先生が変わり、今度の先生はプリントだけの学習をやっているとのこと。三ケタのわり算を自力でできていたらんさんですが、二ケタのたし算、ひき算に戻ってしまったそうで、「これまで習得してきたことがすっかり抜け落ちてしまった」と保護者の方は嘆いていました。

教科書もなく、担当の先生が変わると教える内容まで変わってしまう状況では、子どもたちの持っている可能性を伸ばすのはとても難しいことです。何をどう教えるかを担当の先生だけに任せるのではなく、学校の方針をしっかり打ち出し、それに従って系統立てたカリキュラムを進めてほしいと思います。

特別支援学校の教育課程

最後に特別支援学校です。特別支援学校小学部・中学部指導要領は、学びの連続性を意識しつつ、多様な障害に対応でき、卒業後の自立と社会参加を促すことを目指して改訂されました。小学部では、各教科等を三段階、中学部では二段階設け、目標や内容が具体的に記述されています。算数を例にあげると、小学部では「数と計算」の一段階はものの有無や3までの数、二段階は10までの数、三段階は100までの数、中学部の一段階は三ケタの数、二段階は四ケタの数となっています。

第1章総則・第3節「教育課程の編成」・3(1)のイでは、学校は、必要に応じて学習指導要領の内容以外でも追加して指導することができるとした上で、第8節「重複障害者等に関する教育課程の取扱い」・1で内容の系統性に注意しながらも、子どもの障害などに応じて各学年の目標や内容をやらずに、前学年の内容にすることができると記述されています。

教科学習か職業訓練か

特別支援学校高等部三年生のみきさん(仮名)は、中学まで通常学級で学んでいました。ダウン症がありながらも、当時、関数や平方根といった数学を一生懸命学び、習得してきた彼女ですが、支援学校に入り、学習内容は、初歩的な時計や買い物の計算に後戻りしてしまいました。さらに、自立活動の一環として、職業訓練を意識した実習時間が増え、これまで学んできたものを活かす機会がほとんどなくなってしまいました。

高校生になっても、みきさんは私たちの塾に通い続けてくれましたが、一時、学びへの憧れが消えかかったこともありました。担当講師がみきさんの興味や関心を引き出しつつ、発展的な学びができるようにと試行錯誤を繰り返していると、あるとき、彼女から思いがけないことを打ち明けられました。「先生、私ね、お母さんと一緒にカフェを開きたいんだ」と。

学校における実習経験や、さまざまな学びが積み重なり、とうとうみきさんは、将来の夢をもつようになったのです。いま、その夢を実現しようと、勉強にますます身が入っています。

みきさんがここまで成長されたことをうれしく思う一方で、通常学級における学びが特別支援学校へと引き継がれなかったことが悔やまれます。どのような学びの場を選んだとしても、連続的な学びができるように、サポート体制を整えることが行政や学校に求められているのではないでしょうか。

交流及び共同学習

小学校の学習指導要領・第1章総則・第5「学校運営上の留意事項」・2のイには、学校間の連携や交流をはかることや、障害のある子どもとの交流や共同学習の機会を作り、尊重し合いながら協働して生活する態度を育むことが記されています。特別支援学校小学部・中学部の学習指導要領・第1章総則・第6節「学校運営上の留意事項」・2(2)にも小学校や中学校の子どもたちとの交流・共同学習の機会を積極的に作ることが書かれています。

では、実際にどのくらいの交流や共同学習が行われているのでしょうか。二〇一七年九月二八日に文科省が作成した資料によると、二〇一六年度において特別支援学校と学校間交流等を行った割合は小学校で一六％、中学校で一八％、高等学校で二六％でした。実施した回数で一番多かったのは、小・中・高等学校ともに年二〜三回でした。また、学年が上がるにつれて、参加する児童生徒の人数は減っていきます。それに対して特別支援学級と通常の学級との交流等をした割合は、小学校で八一％、中学校で八〇％ととても高く、実施時間について最も多かったのは小中学校ともに週に一〇時間以上でした。

小学校と特別支援学級の交流・共同学習に比べ、小学校と特別支援学校の交流等は実施された

特別支援学校との交流及び共同学習(学校間交流)の実施状況

	小学校	中学校	高等学校
実施した	16%	18%	26%
うち、毎年度継続的に実施	15%	17%	25%
数年に一度実施	1%	1%	1%
実施していない	84%	82%	74%

学校全体における年間の実施回数(「毎年度継続的に実施」と回答した学校のみ回答)

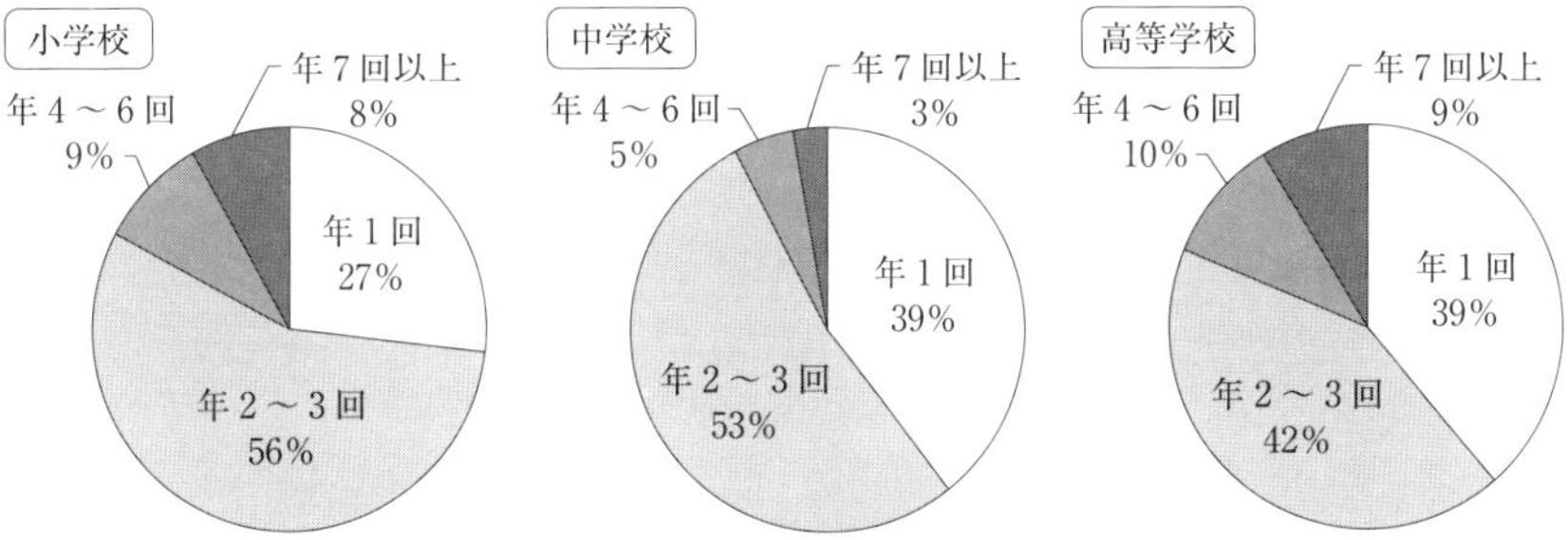

特別支援学級と通常の学級の交流及び共同学習の実施状況

	小学校	中学校
実施した	81%	80%
うち、毎年度継続的に実施	81%	80%
数年に一度実施	0%	0%
実施していない	19%	20%

(注) 本回答には，特別支援学級が設置されていない小学校(17%)，中学校(17%)が含まれる．

特別支援学級の児童生徒一人あたりの週の平均実施時間数(「実施した」と回答した学校のみ回答)

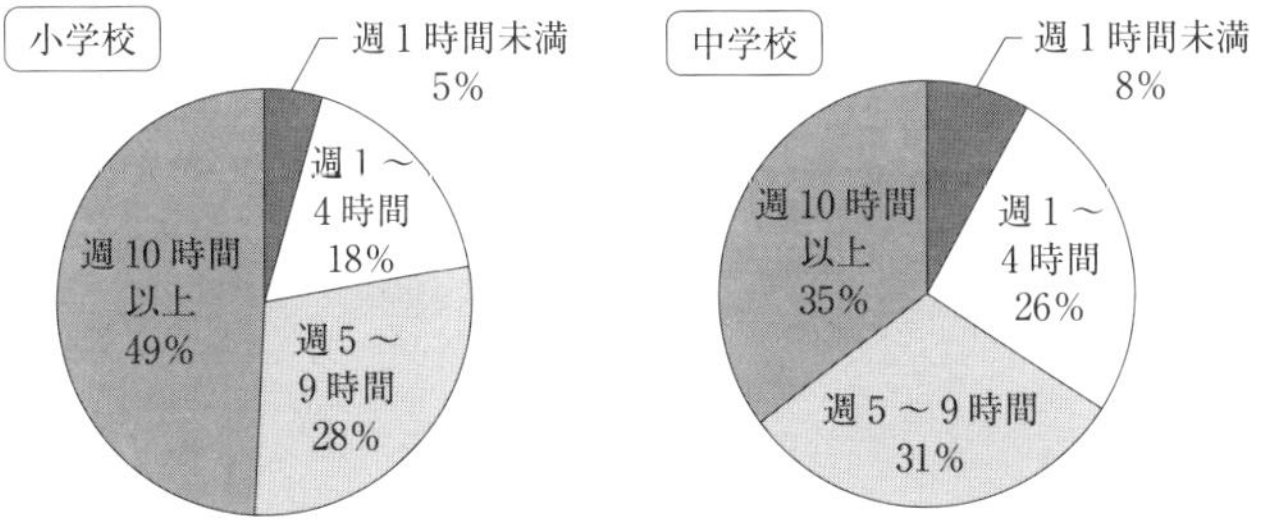

(いずれも，文科省「障害のある児童生徒との交流及び共同学習等実施状況調査結果」2，8頁)

図6 交流及び共同学習の実施状況

割合も回数も非常に少ないことがわかります。これは、特別支援学校が近くにない小学校が多いことと関係しています。それにしても、障害のある子とない子が出会い、交流し、学び会える貴重な機会が少ないことは非常に残念です。

交流を増やしていくことが今後の課題ですが、それよりもまず重要なことは、実施するにあたっての心構えです。共に生きることの意味やどうしたら障害を含むさまざまな個性や多様性が受け入れられるようになるかについて、子どもたちや先生たちが一緒に考えることが大切です。その上で、子どもたち自身が参加するスタイルで、何をどのように、どのくらいの頻度で行うかについて決めていくことで、共生社会に向けての主体性が身についていくのではないでしょうか。

先ほど紹介したともき君(五〇–五一ページ)は、小学校に入学してからしばらくの間、お母さんが付き添って通学していました。教室にいるともき君のお母さんに子どもたちは、ストレートな質問をぶつけます。「どうしてともき君は手がでちゃうの?」「どうして、こんなことしちゃうの?」など疑問に思ったことをどんどんたずねますが、お母さんが一つひとつ丁寧に答えると納得して、今度は自分たちでどうすればよいかを考えてくれるようになったといいます。どうしたらともき君が困らず、落ち着くのかを自分たちで試行錯誤して対応してくれるようになったのです。

お母さんは、ともき君の良き理解者であり、また彼の障害や大変さだけではなく、個性やすばらしさを子どもたちに伝えて、両者を結ぶパイプ役となっています。このような役割を担う存在が学校間の交流や共同学習を実施するときにも必要なのではないでしょうか。

転学がしやすくなった⁉

二〇一四年九月一日に学校教育法施行令が大幅に改正され、就学決定の仕組みが改められるのと同時に、転学についても見直しがなされました。かつては、障害状態の変化だけで転学の決定が行われていましたが、この改正により、障害状態の変化がなくても、教育上の必要な支援について変化があり、小中学校への転学が好ましいと思案された場合、特別支援学校の校長先生が、その手続きを進めなければならないとするものです(第六条の三)。また、反対に障害状態に変化がなくても、学年が上がるにつれて、教育内容が難しくなり、適応するのが困難になった場合は、小中学校から特別支援学校への転学もできるようになりました(第一二条の二)。

では実際、転学をしている人はどのくらいいるのでしょうか。二〇一六(平成二八)年度の特別支援学校から小・中・高等学校への転入者の合計が四七五八人に対して、小・中・高等学校から特別支援学校への転入者は、合計一万一四二〇人で、その差は二倍以上です。なかでも高校から特別支援学校への転入者が最も多く、四六六七人でした。高校に進学したものの、学習面などでついていけずに、特別支援学級や通級などのサポートも受けられないため、特別支援学校へ行き着くというケースが多いと思われます。二〇一八年度より、全国の都道府県四三自治体の高校に通級教室が設けられ、今後改善されるかどうか注目したいところです。

表1　特別支援学校と小・中・高等学校との転入・転出状況――国・公・私立計（平成18年度～28年度）

部別		特別支援学校への転入者（年度）										
		18	19	20	21	22	23	24	25	26	27	28
計	小学部	人 3,391	人 3,457	人 3,289	人 3,163	人 2,989	人 3,517	人 3,365	人 3,188	人 3,315	人 3,173	人 3,210
	中学部	3,275	3,207	3,280	2,989	3,051	3,467	3,290	3,375	3,655	3,521	3,543
	高等部	3,643	3,739	4,040	3,953	3,937	4,445	4,565	4,331	5,129	4,634	4,667
	計	10,309	10,403	10,609	10,105	9,977	11,429	11,220	10,894	12,099	11,328	11,420

部別		特別支援学校からの転出者（年度）										
		18	19	20	21	22	23	24	25	26	27	28
計	小学部	人 2,717	人 2,695	人 2,645	人 2,600	人 2,504	人 2,657	人 2,746	人 2,697	人 2,717	人 2,651	人 2,631
	中学部	1,565	1,537	1,528	1,471	1,468	1,587	1,506	1,791	1,821	1,881	1,845
	高等部	213	207	247	302	282	312	267	372	362	373	282
	計	4,495	4,439	4,420	4,373	4,254	4,556	4,519	4,860	4,900	4,905	4,758

※小学校（小学部）又は中学校（中学部）の課程を修了後，中学部（中学校）又は高等部（高等学校）へ進学した者も含む．

（文科省「特別支援教育資料（平成29年度）」「集計編」7頁）

特別支援学校に転校したしん君

ご両親は、ダウン症のあるしん君(仮名)の将来を考え、教育的に進んでいると聞いていた東京都市内に引っ越しました。ご両親は兄弟が通っている学校の特別支援学級にしん君を入れたいと希望していました。しかし、就学支援委員会の審議の結果、特別支援学校判定が出てしまったため、継続審議をお願いすると、就学希望の小学校の校長先生と副校長先生との話し合いの場が設けられました。その際、校長先生はご両親の思いに寄り添ってくれましたが、副校長先生からは「教育者として、障害のある子とない子が一緒に学ぶことが良いのかどうかわからない」というようなことを言われたそうです。

どうにか特別支援学級に入学できたものの、親の付き添いを学校から求められ、六月からは毎日、お母さんがしん君と通学しなければなりませんでした。その年の一二月に行われた担任との面談で、次年度の進級先の希望を聞かれ、特別支援学級と答えました。しかし、学年が変わり担任も変わると、もともとの声が大きかったしん君は「手のかかる子」として扱われ、担任から特別支援学校に行くことを勧められるようになったのです。

ご両親はしん君に特別支援教育支援員を付けてほしいと要望しましたが、特別支援学級の子どもに個別の支援員は付けられないと断られてしまいました。お母さんは、周りの子どもに迷惑をかけては申し訳ないと思い、苦渋の思いでしん君を特別支援学校に転学させることを決断します。

しかし、東京都の教育委員会に相談すると、教員の数は、新年度に、児童の数に応じて決定し、またその児童に沿った年間カリキュラムを作成しているため、しん君には適切な支援とはいえず、本人がかわいそうな思いをする、という理由によって、学期の途中での転学が認められなかったのです。結局、小学校に通うこともできず、新学年までの半年以上を自宅で過ごさなければなりませんでした。お母さんは、特別支援学校への転学について、後悔していないけれど、大阪の大空小学校（八四ページ参照）のような学校が近くにあれば、ぜひ通わせたいとも話されていました。

就学時健診を突破し、入学できても、定期的に行われる面談で、その子に「適した学びの場」を問われ続け、転学を余儀なくされてしまうことが多いのが、先の転学者数に表れているのではないか、としん君の事例から考えさせられます。

また、半年以上、学校教育を受けることができなかったしん君。今回の対応が、子どもの「最善の利益」（子どもの権利条約第三条、七三ページ参照）にかなっていたのかどうかについて再考の余地があるでしょう。

特別支援教育支援員

しん君のお母さんは毎日、学校に付き添うことができましたが、それが困難な家庭も当然あります。できる、できないにかかわらず、保護者に学校の教育的支援の負担を負わせるのは問題ではないでしょうか。そのために特別支援教育支援員がいるのです。しかし、しん君の場合のように、支援員を配置するのにはさまざまな条件があったり、行政の財政上の理由から、利用することができず、親が付き添ったり、自費で支援員に代わる人を付けるケースも見受けられます。

先生の長時間労働が問題になっていますが、支援員を活用することで、子どもたちの教育支援を豊かにするだけでなく、先生たちの負担を軽減させることにもつながるのではないでしょうか。

特別支援教育の資格をもつ先生

　現在、特別支援学校の教員は、特別支援学校の該当する部（幼稚部・小学部・中学部・高等部）の教諭免許状と特別支援学校教諭免許状の両方が必要です（教育職員免許法第三条第三項）。しかし、当分の間は、幼稚園、小学校、中学校または高等学校の教諭免許状を持っていれば該当する部の教員になることができます（教育職員免許法附則第一六項）。たとえば、中学校の国語教諭免許状を持っていれば、特別支援学校中学部の教員になれるということです。特別支援学校教諭免許状の種類は視覚障害者、聴覚障害者、知的障害者、肢体不自由、病弱者（身体虚弱者を含む）の五つです（教育職員免許法第二条第五項）。

　特別支援学校教諭免許状を持っている特別支援学校の教員は、文科省が保有を推進していることもあり年々増加しています。平成一八（二〇〇六）年度には六一・一％だった保有率が学校教育法の改正があった平成一九（二〇〇七）年度は六八・三％と一気に上昇し、その後は緩やかに増加を続け、平成二九（二〇一七）年度は過去最高の七七・七％になりました（図７）。

　一方、特別支援学級における特別支援学校教諭免許状を保有する教員の割合は、特別支援学校の教員に比べて極めて低い状態にとどまっています。平成二一（二〇〇九）年度小学校では約三三％、中学校では約二八％が保有しており、平成二九（二〇一七）年度もほぼ横ばい状態でした（図８）。保有する教員の数は増えていますが、割合が増えないのは、第１章で述べたように特別支

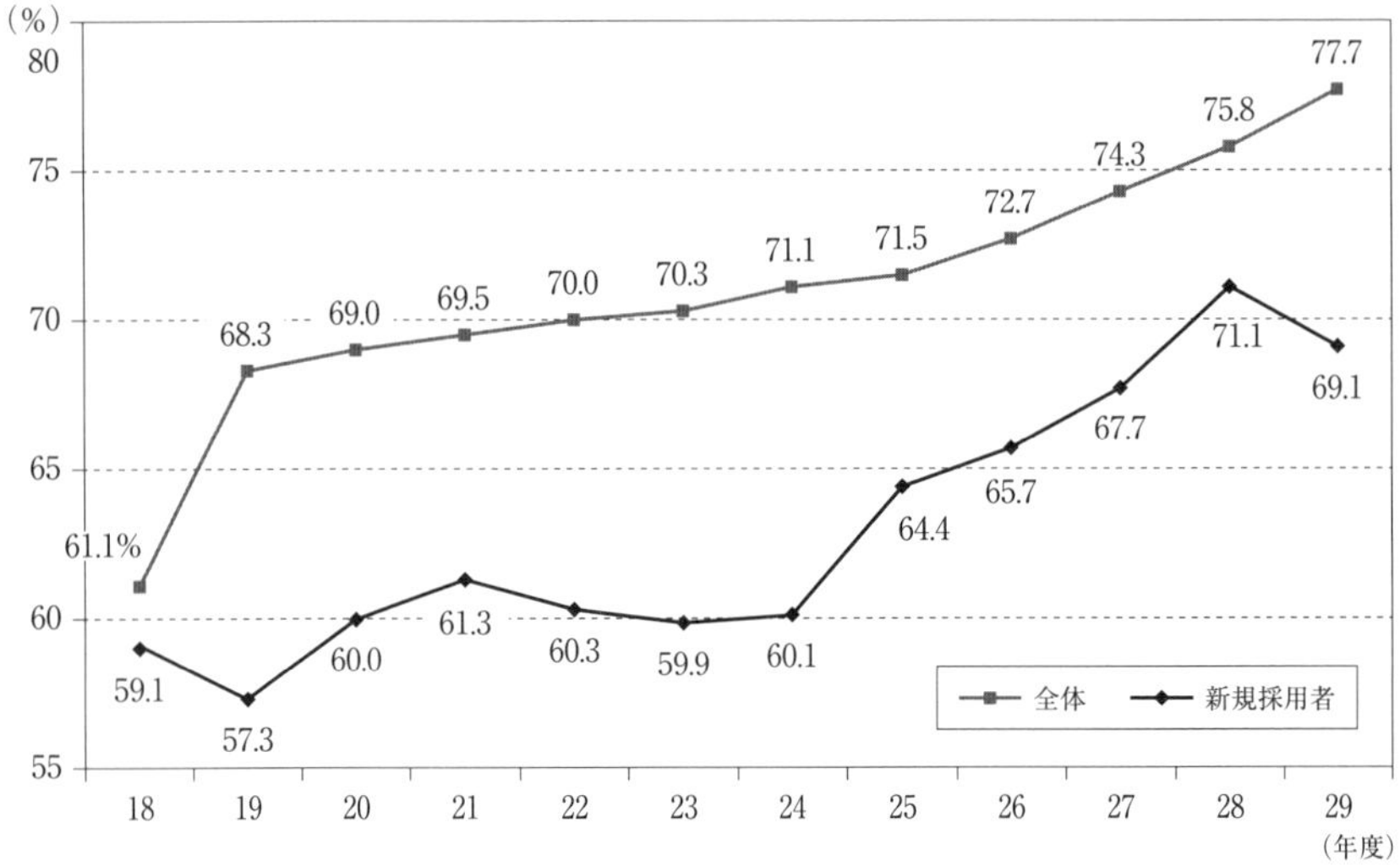

(文科省の「平成29年度特別支援学校教員の特別支援学校教諭等免許状保有状況等調査結果の概要」3頁)

図7　特別支援学校における特別支援学校教諭等免許状の保有状況(平成18～29年度)

援学級の子どもたちが急増しているためです。

このことは、特別支援学級の先生が、さまざまなニーズのある子どもたちに教育的支援を行うことが難しいということを示唆しています。また、先ほど触れたように、支援学級には、教科書や系統立てたカリキュラムもありません。

資格の有無を問うだけではなく、系統立てたカリキュラムの作成やその支援方法について、特別支援学級の先生同士や通常学級の先生たちとの協力体制を築いていくことが必要ではないでしょうか。

東京都の「特別支援教室」導入

文科省の推進する「特別支援教室」

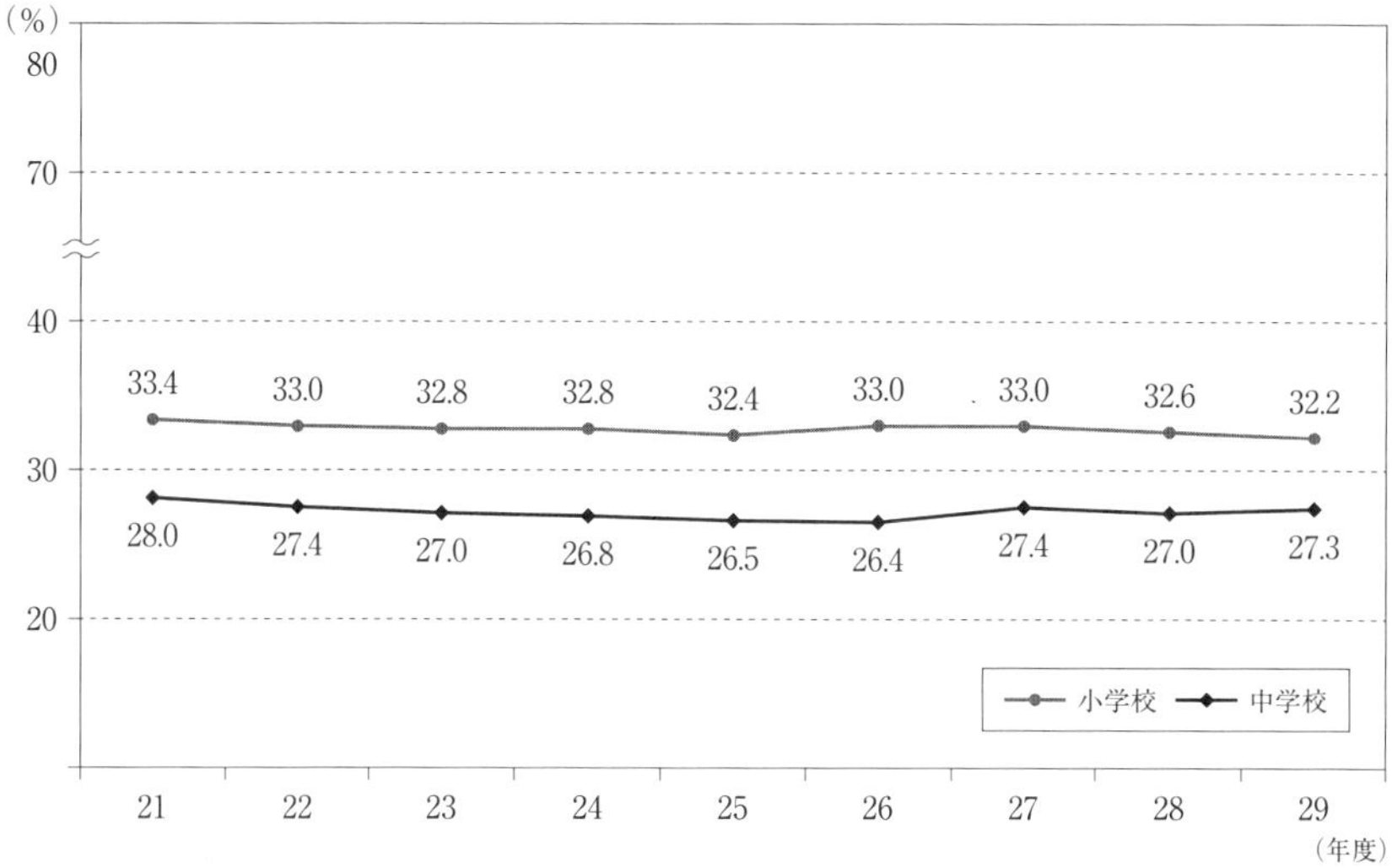

(文科省「特別支援教育資料」「集計編」平成23〜29年度14頁．21〜22年度13頁．最下段「上記のうち，特別支援学校教諭免許状所有者(再掲)」を参照)

図8　特別支援学級における特別支援学校教諭等免許状の保有状況(平成21〜29年度)

制度は、二〇一八年度に東京都全域の公立小学校で先行的に実施されました。各学校に「特別支援教室」を設け、特別な教育的サポートを必要とする児童が週に一〜八時間通います。対象となる児童は、「通常の学級に在籍する発達障害等(高機能自閉症、アスペルガー症候群、ADHD、LD等)で、通常の学級での学習におおむね参加でき、一部特別な指導を必要とする児童」であり、「障害の状態に応じて」「自立活動」や「教科の補充指導」」を行います(リーフレット『保護者の皆様へ　小学校の「情緒障害等通級指導学級」が「特別支援教室」に変わります』平成二七年五月、東京都教育委員会)。

つまり、通級制度での「情緒障害等通級指導学級」が「特別支援教室」と名前を変えて、東京都全部の公立小学校に設置されるということです。それに伴い、通級指導教員(これからは巡回指導教員に変更)は、「ことば」や「きこえ」についての指導が行われる拠点校から、各学校を巡回して指導することになります。今回、新たに特別支援教室専門員が各特別支援教室に配置され、主に巡回指導教員や特別支援コーディネーター、在籍担任学級との連絡調整を行い、教材作りや児童の行動観察・記録を行います。また、新たに臨床発達心理士なども加わり巡回して児童の行動観察を行い、巡回指導教員や在籍学級担任などにアドバイスをします。

これまで他校で通級を利用していた児童や保護者にとっては、付き添いや移動の時間がなくなるため、負担が少なくなります。また、みんなとは異なる教育を受けているという精神的な負担も軽くなるかもしれません。しかし、今回対象となる児童は限られており、言語障害などの児童は従来通り、通っている学校に通級教室がない場合は、他校(拠点校)に行かなければならず、限定的なものとなっています。

各小学校にある特別支援教室は、障害の診断名のあるなしにかかわらず、必要に応じて利用することができ、その手続きは、本人や保護者の希望に沿って行われています。しかし、各校に設置されたことで、通常学級の担任が、支援の必要性を感じた児童の保護者に対して、すぐに相談や提案をすることができる一方、安易に利用する児童を増やしてしまったり、通常学級での支援がなされなくなったりすることが危惧されます。

「特別支援教室」の活用が、通常学級における教育的支援を発展させるものになることが期待されます。

第4章　インクルーシブ教育にむかって

共生社会について改めて問う

日本は障害者権利条約が掲げるインクルーシブな教育・社会にどのくらい近づいたでしょうか。日常生活において、障害者への理解が進んでいるように感じられることが増えたのは確かです。たとえば、駅のホームで手の不自由な青年が、高校生グループのなかで楽しそうに会話をしたり、街なかで車椅子の学生が、ほかの学生たちと待ち合わせをしたりしているシーンなどをよくみかけるようになりました。若者たちの振る舞いはとても自然で、対等な関係にみえます。

その一方で、元施設職員が多くの重度障害者を殺傷した相模原事件という痛ましい出来事が世間を震撼させました（二〇一六年）。また、倫理的な課題を残したままの新型出生前診断、障害者の雇用率の改ざん、旧優生保護法（一九四八―九六年）のもとで行われた強制不妊手術などの問題が次々と明らかになり、障害者を取り巻く環境は、依然として厳しいといえます。障害者の権利が条約や法律で認められるようになったいまでさえ、このような問題が後を絶たない原因は、一人ひとりの権利観や問題意識が社会全体に普遍化されていないことにあるのかもしれません。

最終章では、障害者権利条約の条文に即して、日本のインクルーシブ教育の動向や、課題について考えます。そして四〇年以上、学びに困難のある子どもや若者と接してきた遠山真学塾主宰の小笠が、あえていまだからこそ就学時健診を問うとともに、スウェーデンを鏡にして、インクルーシブ教育にむかって、いくつかの提案をします。最後に、共に生きる社会とは何かを改めて問い直します。

障害者権利条約

一九九四年、ユネスコによる「サラマンカ宣言」で、「すべてのひとのための教育」(education for all)の目標を継続すると同時に、障害のある子もない子も同じ地域の学校や教室で学ぶインクルーシブ教育が提唱されました。宣言は「インクルーシブな方向性をもつ普通学校こそが、差別的な態度と闘い、すべての人を喜んで受け入れられる地域を創り、インクルーシブな社会を建設し、すべての者のための教育を達成するためのもっとも効果的な手段である」と明記しています。その理念を引き継いだ障害者権利条約が、二〇〇六年一二月一三日に国連で採択され、国際条約として結実しました。

日本では条約の批准前に、国内法の整備をするべきという当事者の訴えをきっかけに、教育基本法、障害者基本法、発達障害者支援法の改正、障害者差別解消法の制定などを経て、二〇一四年一月二〇日に批准し、同年二月一九日に施行されました。国内法の整備は、子どもの権利条約の時にはなく、画期的な動きでした。

日本政府は二〇一六年、条約に基づいて二年間実践したことをまとめた、初の報告書を国連に提出しました。これには、行政報告だけでなく、国の障害者政策を監視・勧告する障害者政策委員会の付属文書も含まれています。

そして、二〇二〇年春に国連の障害者権利委員会による審査が、日本に対して行われる予定です。それに合わせて、行政とは別に、さまざまな障害者の市民団体が合同で、国内における具体的な改善方法を提案するパラレルレポートを準備・作成しています。障害者の権利のなかでも、教育は重要な事項のひとつとして挙げられ、審査でも注目されることが予想されます。

第二四条「教育」

障害者権利条約の第二四条には、障害者の教育への権利が記されています。教育を受ける権利が差別なく、平等な機会をもって保障されることを前提として、教育制度や生涯教育が障害者に提供されなければならず、障害者のもつさまざまな可能性を最大限に発達させる教育が求められています。もちろんそれは一般教育制度から除外されてはならず、自分の住む地域社会で受けられ、支援が必要な場合は、その地域で提供されなければなりません。その際、合理的配慮(1)が求められます。特別な場における個別化された支援を提供するときには、共に生きる社会を実現するために行われる支援でなければならないと書かれています。

しかし、一方、この一般教育制度について外務省は、国の提供する教育が「一般教育制度」であり、公立の小学校と同様に公立の特別支援学校もそれに該当すると考えているようです。障害のある子もない子も、ともに同じ教室で学ぶことを目指すための仕組み作りをインクルーシブ教育制度といいますが、日本では小学校と特別支援学校という分離された状態のまま、「インクルーシブ教育システム」を掲げています。

一般的意見

障害者権利条約とは別に、条約が正しく解釈され実施されるように、障害者権利委員会が出した国際的文書が「一般的意見」です。そこには、主要な条項について具体的な内容が紹介されており、第二四条「教育」については七六項目にわたり書かれています。

たとえば、第一一項目には、「排除、分離、統合及びインクルージョンの違いを認識すること」を批准国に求めています。

「分離は、障害のある生徒の教育が、特定の機能障害やさまざまな機能障害に対応するために設計され、あるいは使用される別の環境で、障害のない生徒から切り離されて行われるときに発生する」とあります。日本の特別支援学校は、これに当てはまる可能性があります。

「統合は、障害のある人は既存の主流の教育機関の標準化された要件に適合できるという理解の下に、彼らをそのような機関に配置するプロセスである」とも言っています。これは、通常学級で、知能指数の基準を設けて、それ以下になると、「適合」できないと判断し、特別支援学級や特別支援学校をすすめるというものと類似しています。

「インクルージョンには、対象となる年齢層のすべての生徒に、公正な参加型の学習体験と、彼らのニーズと選好に最も合致した環境を提供することに貢献するというビジョンを伴った、障壁を克服するための教育内容、指導方法、アプローチ、組織体制及び方略の変更と修正を具体化した制度改革のプロセスが含まれる。たとえば組織、カリキュラム及び指導・学習方略などの構造的な変更を伴わずに障害のある生徒を通常学級に配置することは、インクルージョンにならない。さらに、統合は分離からインクルージョンへの移行を自動的に保障するものではない」。

これに照らしてみると、現在の「インクルーシブ教育システム」はインクルージョンに至る過渡期、といってもまだスタートラインに立ったばかり、と考えられるのではないでしょうか。これを前進させるためには、あらゆる子どもたちが同じ場所で、一人ひとりに合った教育が提供されるような環境を整備するための、ビジョンを伴う制度改革が必要です。

いまだからこそ問う就学時健診

前著から二〇年の間に、子どもたちを囲む日本の社会環境は大きく様変わりしました。その背景に「子どもの権利条約」の推進や「障害者権利条約」の批准があります。

たとえば、子どもの権利条約は子どもの権利に関する当時の世界水準の内容を全五四カ条に備え、日本もまた一九九四年の批准を機に、子どもたちの権利環境を整備することができました。この条約の主要な内容であった「第二条　差別の禁止」、「第三条　子どもの最善の利益」や「第六条　生命、生存・発達の権利」、「第一二条　意見表明権」といった日本の憲法の趣旨と重なり合う条文が明文化され、各自治体で子どもの権利に関する条例が作成されました。また障害者権利条約においては単に子どもの権利だけでなく、成人を含む障害とともに生きるすべての人々の権利を、国際的なインクルーシブの水準に引き上げようとしたものです。

これらを受けて国内法も一歩前進したように思います。とりわけ学校教育の場で、従来特別視されていた障害とともにある子どもや若者の権利が、明確化されました。それまでの学校教育では、「普通」か「特殊」か、と二分されていた教育体系が名称とともに整理され、教育基本法のなかに位置づけられたのです。ただ、残念なことに「特別支援教育」という新たな差別的な言葉を残しながらの改定ではありましたが。

にもかかわらず、心身に障害のある子どもの就学問題は、いまなお課題が山積みです。障害者権利条約が指向したような、すべての子どもの遊びや学びの権利環境をインクルーシブに実現することが、それまでの学校教育制度の流れとは異なることから、スムーズに移行できないまま推移しているのです。

なかでも、就学時健診は、本文でも見られるように一見改善されたようですが、相変わらず障害児の差別と選別の場として強化されているようにも思うのです。さらに、教育の内容についてみるとまだまだ多くの問題も散見できます。

ではなぜ、障害者権利条約が期待しているインクルーシブな学校教育や教科教育を実現できないのでしょうか。前回のブックレットでも指摘しましたが、原因は、学校教育という狭い所だけの問題ではなく、大きく市場経済や競争社会を是とする社会環境そのものにあるからでしょう。問われているのは障害児者だけではなく、国民全体の意識改革かもしれません。

スウェーデンの教育

ノーマライゼーションの取り組みをいち早く実現しようとした国のひとつが、男女平等とか福祉社会の建設に努力してきた北欧の国スウェーデンですが、小学校の入学にあたっては就学「検討会」が用意されています。もちろんこれは日本の就学時健診のような仕組みではありません。保育園や幼稚園から小学校にスムーズに移行するために、保育士や入学を予定されている学校の担当者、心理士などの専門家、医師、ソーシャルワーカーと本人・保護者などが検討会に参加し、就学先を話し合います。

もちろんなかには個性豊かな子どもがいます。学校になじまないように思われる子どももいます。そういった子どもたちには、同じ地域のなかの子どもとして、みんなが通う学校に来てもらうために、通常の教育を行う学校とともに、特別な指導をする学校を同じ敷地内に用意しています。ただし、学級編成や人数の面で日本とは大きく異なる体制で行われています。

スウェーデンの教育は、すべての子どもが学校生活をエンジョイしてもらおうと、遊びと学びを重視しています。テストや成績で子どもたちを追い込もうという考え方は皆無です。学校は、学ぶことは楽しいことだ、という一生続く好奇心や探究心の根っこを作るところで、また、教師は行政からの支配に縛《しば》られずに、子どもや若者のために努力する自由と使命を担っています。

そのうえで、「education for all」の教育と「work for all」の労働の理念を、すべての人に要請します。障害者を雇用するために国が一〇〇％出資して一九八〇年に設立した保護雇用企業「サムハル」社は、障害者の労働の場になっていますが、決して甘い会社ではなく、他の企業との市場競争のなかで切磋琢磨《せっさたくま》しています。

図9　スウェーデンの小学校の授業風景（4年生・国語）

子どもの権利条約や障害者権利条約の法旨を尊重し、民主主義と平等のもと、いまスウェーデンでも、就学の場から労働の場へと結びつけるための、障害児者を含めたインクルーシブな教育が実現できるように、教育制度や授業のあり方を常に改革しながら、必死に模索しているのです。

スウェーデンでの体験

遠山真学塾講師の広瀬は、二〇〇三年から一年間、スウェーデンの小学校をめぐり、日本の文化を紹介する授業を行いながら、担任のサポートをしました。現在でも、北欧への関心は高く、市民グループ「北欧楽会」の共同代表を務め、北欧について楽しく学ぶ会を催しています。広瀬から、スウェーデンの小中学校の教育事情を紹介してもらいましょう。

スウェーデンでは、日本の小学校と中学校を合わせた九年間が基礎学校といわれ、七歳で就学しますが、就学前の一年間を〇《ゼロ》学年といい、希望すれば小学校で学校教育を受けることができます。私（広瀬）が在籍した学校はいずれも地方の小さな小学校で、三学年が一緒に学ぶ複式学級でした。一クラスの人数は大体一七、八人、それを二～三のグループに分けたり全員一緒にしたり、授業の内容によって編成を変えながら行われていて、見学した都市部の大きな学校でも、二学年ごとの編成やグループ学習が臨機応変に行われていました。

このような学級編成は、一九八〇年に導入された基礎学校学習指導要領の中に、通常「学級」枠を廃止し、活動に応じて集団を編成する活動単位制が導入されたことで可能になったとのこと。必要に応じた学習集団の編成を基本にすることで、障害に応じた日本の特別支援学級にあたる「特別学級」は存在せず、いろいろな困難のある子どもも一緒に学ぶことが可能になっていました。また、日本の特別支援学校にあたる「特別学校」が、基礎学校の隣の建物や同じ校舎の隣の教室にあるような「場の統合」が行われているため、基礎学校で学ぶ子どもも支援が必要な場合は特別学校の資源を活用できることが、「特別学級」設置がない理由とも言われています。そして、基礎学校では十分に満たされない個々のニーズに対応するため、特別な学校として聴覚障害特別学校、重複障害特別学校(いずれも国立)と知的障害特別学校(県立に相当するコミューン立)が維持されています。

基礎学校での授業の進め方は、全員が一斉に前をむいて先生の話を聞き、黒板の内容を写すというものではなく、生徒一人ひとりの学習計画によって各自のペースで学びが進められていました。ある日の四～六年生、一七人が一緒に学ぶクラスでは、四年生グループの英語の授業に担任が付いて会話の練習を進め、同じ教室の反対側では五年生が国語(スウェーデン語)や算数の問題についての解き方を何人かで話し合ったりしながら自習をし、六年生は隣の部屋でそれぞれが図書室から借りてきた本を読んでいる、といった具合でした。

スウェーデンでは、学年ごとの到達目標は学習指導要領に決められていますが、どの教科書を使うかや学習の進め方も学校ごとに先生が自由に決めることができます。国語、算数、英語の学習はすべての子どもに個別の学習計画が作られ、それに従って学習が進められていました。何をどこまでやるかは個別に違い、たとえば算数の、新しい単元に入った際、全体に概要を説明した後の学習については、基本問題で終わるか難解な問題まで進むかは生徒ごとに異なり、学習計画に沿って行われていました。

また、さまざまなサポート体制も敷かれていて、このクラスには自閉的な傾向の男の子がいましたが、教科の時間には手の空いていた工芸の先生が入って、彼に付きながらグループ全体に目を配るといったサポートが行われていました。他にも、巡回するスペシャルティーチャーによる取り出し授業で苦手な教科の補習を受けるケースもあり、外国人の生徒はスウェーデンの公用語の習得に大変さがあるということでスウェーデン語の個別授業を受けていました。

学習評価は、八年生(日本の中学二年生に該当)まで成績表がなく、学期ごとの三者面談によって口頭で伝えられていました。学校教育局(日本の文科省)が行う五年生と九年生の全国一斉テストがありましたが、高校や大学への入学試験はなく、それまでについた内申の成績で決まることになっていました。このような評価体制も、いろいろな子どもが一緒に学ぶ環境を可能にする一因なのだろうと思います。

インクルーシブ教育への提案

ここで、もう一度日本の学校教育の話に戻すと、差別を助長するような就学時健診制度が、小手先の改善だけでいいのかどうかが、問われているのではないでしょうか。

やはり希望するすべての子どもたちが地域の小学校に通える努力がもっとなされるべきだと思うのです。そして就学時健診は、本人や保護者の希望をかなえる場として機能することが必要です。実際に、障害のある子どもを普通学校へ入れるよう支援している全国組織の団体は、毎年の文科省との交渉で、就学時健診の通知と同時に、小学校の就学通知を送付するようにしてほしいと要望を出しています。東京都練馬区や兵庫県相生《あいおい》市など、そのような方法がすでにとられている自治体もあります。

具体的な方法としては、市町村教育委員会が作成する学齢簿に応じて、すべての子どもを地域の小学校に受け入れることです。さまざまな子どもたちが混ざり合って学ぶなかで、本人・保護者・学校が相談しながら、数年かけて、子どもの最善の利益にあった学びを決めていくのがよいでしょう。

それから、先生をもっと増やすことも必要です。法律の改正で、先生を柔軟に増やせる仕組みに変わってきてはいますが、いまでも小中学校の通常学級が先生一人あたり四〇人のクラスもあります。

一九八二年にコロラド大学の教授、グラスとスミスによって発表された学級規模についての報告、いわゆる「グラス＝スミス曲線」は、一クラス一八人程度になると、学習効果が高まることを示しています。

近年、日本においても小学校で調査され、学級規模が少ないのと同時に、同学年の学級数が多い場合に、学力の底上げがみられたという報告がありました(2)。

学習期間の延長と学びの質

身近な改革としては、次のようなことで、効果が期待できるのではないでしょうか。

そのひとつが、障害のある子どもや若者たちの学習時間を、もっと多く取れるように義務教育において認めることです。どうしても授業時間中に消化できる内容は、彼・彼女の特性から少なくなりがちです。理解するのにも、技術を習得するのにも時間がかかりやすいのです。となれば現在の六・三制度の範囲では収まらず、あと二、三年前後の学校時間が必要となるでしょう。これによって最低限のカリキュラムを消化でき、より上級の履修に向かうことができるようになるのではないでしょうか。これを留年制とするかどうかは、考える余地がありそうですが。これに加え、特別支援学校高等部の職業訓練のあり方や、卒業後の職業訓練校の充実が求められます。

もうひとつは、学習や授業内容の精選です。いわゆるシビル・ミニマムの範囲を各人ごとに設定して、公費によって学力の保障をしていくのです。シビル・ミニマムとは大辞林によると「自治体が住民の生活のために保障しなければならないとされる、最低限度の生活環境基準」とあります。新学習指導要領にある「社会に開かれた教育課程」のように、教育を学校内だけで完結せずに、社会に出たときに発揮できるような学力が保障され、それが教育費として賄《まかな》われなければなりません。

そのビジョンをもった各人の教育支援計画や指導計画を作り、到達度を確認しながら、一つひとつの教科教育とともに横断的な教科教育をゆっくり着実に学んでもらいます。さらに、自分たちの権利や義務、あるいは労働など、社会人になるための心構えを学び、就労の場を得て、納税者(タックスペイヤー)の一員になってもらうことを目標とします。

これらの学習ツールとして、ＩＣＴ(情報通信技術)は必要不可欠です。障害のある子どもたちの学習支援の一つとしてもＩＣＴ機器の利用が促進されています。たとえば、佐賀県のある小学校の特別支援学級に在籍する、病気がちなために言葉の表出や読み書きが困難な子どもに、ＩＣＴ機器を使ったコミュニケーション指導を行った結果、語彙力が付き、コミュニケーション力や学力もアップしたという報告があります(『実践障害児教育』二〇一七年一一月号)。ただし、気をつけなければならないのは、人間性が損なわれないように、それらのツールとうまく付き合っていくということです。

学びの主体者

このような教育を受けるのに重要なことは、学習主体者としての自覚です。そしてそれを支えるのが、学びに参加する人のモチベーション。では学ぶ意欲とは一体どこから生まれるのでしょう。それは、学びそのものを通して、そのおもしろさに気づき、内発的な感動と無限の魅力を伴って生じ、繰り返されていくものです。さらにその学びのサイクルは、多様な子どもたちがともにいることで、響き合い、循環していくのではないでしょうか。学習社会のはじまりです。

もちろん、それは学校だけに収まりません。しかしながら、学校をともに遊び、学びあう環境へと整備することによって、子どもたちはお互いを知り、そして自分自身を知って成長することができるのです。インクルーシブ教育への道は、一人ひとりの人間性に依拠しながら、その長所と成功を認めあっていく。ここから始める方法が、共生社会を成熟させるために最適なのではないかと思いますが、読者のみなさまはどう考えるでしょうか。

共に生きる社会へ

えいた君(仮名)は当時、神奈川県内の小学校一年生でした。在籍していたのは「通常学級」です。ところが、その年の三者面談で担任の先生は、ダウン症のあるえいた君のお母さんにこう提案をもちかけてきました。「えいた君の将来を考えて、特別支援学級への転級をご検討されてはいかがですか」と。最初は動揺したもののその後、慎重に検討を重ねたご両親は、えいた君を転級させることにしました。

転級して二年生になったえいた君に、お友達ができました。交流先の通常学級にいたその子は、休み時間になると、えいた君によく会いに来てくれたそうです。お母さんが「いつも遊んでくれてありがとう」と言うと、その子は「えいた君と一緒にいると、すごく楽しいんだ！」と笑顔で答えてくれたといいます。

その後、えいた君は中学校の特別支援学級、そして特別支援学校高等部へと進学し、現在は高等部三年生です。ここまでえいた君を育て、ともに歩んできたお母さんはこのように言います。「えいたが、学ぶために最も大事だったのは環境です。自信や誇りを持ち続けられる〝学びの環境〟は、長い時間の積み重ねによって築きあげられるのです」と。

与えられた選択肢のなかで、えいた君の自尊心を育む教育が受けられたことに感謝し、また、自分も一緒にできたことを喜ぶ一方で、就労支援については、まだまだ改善されるべきものがたくさんあると指摘されました。

彼女はいまも、共に生きる教育、社会とは何かを模索し続けています。

私たち講師は、えいた君のようにハンディがありながらもがんばっている子どもや若者たちと、これまでたくさん出会い、学びあってきました。一見しただけではわからない彼らの個性やすばらしいところを、講師は身をもって知っています。

こういった彼らの長所を認め、行き届いたサポートを提供するために、必要なことは一体何でしょうか。たとえば、それは一般常識や既成概念にとらわれない柔軟な思考をもつことや、制度などの改善を行政に働きかける勇気、そして何よりも大切なのは、障害者と健常者とを隔てないとする、私たち一人ひとりの心の有りようではないでしょうか。

さまざまな取り組みに学ぶ

最後に、国内各地で取り組まれている実践例をいくつか紹介したいと思います。

まずは『みんなの学校』(監督・真鍋俊永)というドキュメンタリー映画です。この映画で紹介される大阪府の公立大空小学校は、特別支援学級はあるものの、障害のあるなしにかかわらず、すべての子どもたちが同じ教室で学んでいます。映画では、保護者や先生はもちろんのこと、事務員や近所の住民などそれぞれの立場の差異を超えて、地域全体で子どもたちを見守る大空小学校の取り組みの様子が、生き生きと映し出されています。二〇一八年夏に東京都八王子市で催された映画上映会とそれに続く元校長・木村泰子さんの講演会に、講師のひとりが行き、大空小学校の現校長が映画の中で学校運営に奮闘していた元校長の志を継承されているお話を伺いました。

次に紹介するのは、徳島県のある公立小学校でも試みられたスクールワイドＰＢＳ(Positive Behavior Support)という取り組みです。これは学校全体で行うもので、先生や子どもたちが互いに褒《ほ》め合うことにより、授業や行事に積極的に参加しようという子どもたちの自主性を育むことを目的としています。またそれによって先生たちにも心の余裕が生まれ、より手の行き届く支援の実現につながることが期待できるものです。専門用語では、応用行動分析学に基づいた行動支援というそうです(『実践障害児教育』二〇一八年六月号)。二〇〇〇年前後に米国で始められ、インクルーシブ教育の実践例として注目を集めています。

それから二〇一八年六月一八日の『毎日新聞』に掲載された、大阪府立枚方《ひらかた》なぎさ高校での取り組み、「知的障がい生徒自立支援コース」を紹介します。このコースを導入してからこの高校では、一部を除いた科目はすべて、知的障害のあるなしにかかわらず、みんな一緒に学ぶという授業が実践されています。

このような取り組みが各地で行われると同時に、私たち一人ひとりが関心をもち、住みなれた地域でもやってみようと声をあげていくことが大切です。そのような空気を作っていくことが、就学時健診の問題を超えた、共に生きる社会の実現へとつながることを願っています。

(1)　障害者が健常者と同じように人権や基本的自由を享有するために必要な変更や調整のこと。たとえば、車椅子の人が交通機関を利用できるようにエレベーターが設置されることなど。

(2)　国立教育政策研究所「学級規模が児童生徒の学力に与える影響とその過程」平成25～26年度プロジェクト研究「少人数指導・少人数学級の効果に関する調査研究」調査研究報告書、二〇一五年三月。

小笠 毅
1940年徳島生まれ．立命館大学法学部卒．東京・武蔵野市で遠山真学塾を創立し，いまに至る．主な著書に『ハンドブック 子どもの権利条約』(岩波ジュニア新書)，『ハンディのある子どもの権利』『ハンディをもつ若者の進路』(以上，岩波ブックレット)，『教えてみよう算数』『ハンディをもつ子どもの教育』(以上，日本評論社)ほか．

伊藤千枝(いとう・ちえ)
津田塾大学卒．遠山真学塾講師．

新版 就学時健診を考える
—特別支援教育のいま

岩波ブックレット 991

2019年1月9日 第1刷発行

編 者 小《お》笠《がさ》 毅《たけし》

発行者 岡本 厚

発行所 株式会社 岩波書店
〒101-8002 東京都千代田区一ツ橋2-5-5
電話案内 03-5210-4000 営業部 03-5210-4111
http://www.iwanami.co.jp/hensyu/booklet/

印刷・製本 法令印刷 装丁 副田高行 表紙イラスト 藤原ヒロコ

© Takeshi Ogasa 2019
ISBN 978-4-00-270991-8 Printed in Japan

990

いま、〈平和〉を本気で語るには――命・自由・歴史

ノーマ・フィールド

平和について「本気で」語り合うことがなぜ難しく感じられるのか。小さな勇気を育むには、どうしたらよいのだろう。戦争と生活と生命、ヘイトと暴力に対する自由と人権、従軍「慰安婦」問題、福島復興などを考察する。

989

調査報告 学校の部活動と働き方改革――教師の意識と実態から考える

内田良、上地香杜、加藤一晃、野村駿、太田知彩

長時間労働の一因である部活動指導は、制度上は義務でなく、解放を求める声もある。では、どの世代、専門、経験をもつ教員の負担になっているのか。一方で「やりがい」は何に由来するのか。勤務と意識の実態を、独自調査から描き出す。

988

地域の食をブランドにする!――食のテキストを作ろう

金丸弘美

新たな観光資源と地域経済を生む方法として、「食のブランド化」が注目されている。その基礎となるテキストの作り方や、バイヤー・消費者向けのプロモーションの具体的な方法を紹介。地域創生のヒントを提案する。(カラー16頁)

987

辺野古に基地はつくれない

山城博治、北上田毅

沖縄県民の民意を無視し、建設が強行される米軍辺野古新基地。ジュゴンが泳ぐサンゴ礁の海を破壊する工事に国際的批判も強いが、日本政府は姿勢を変えない。だが、この工事は、そもそも技術的に可能なのか――。

986

「明治礼賛」の正体

斎藤貴男

都合よく歴史を改竄し、近代日本の帝国主義がもたらした負の側面を省みず、「明治に学べ」との掛け声のもと、国策として進められる「明治礼賛」。気鋭のジャーナリストがその実態を暴き、この国のゆくえを問う。

985

アニマルウェルフェアとは何か――倫理的消費と食の安全

枝廣淳子

「動物たちは、その動物本来の行動をとれる幸福な状態でなければならない」――欧米で畜産動物にも取り入れられているアニマルウェルフェアの考え方と取組みを紹介。日本の畜産の現状を報告し、対応が急務であることを説く。

984
検証　迷走する英語入試――スピーキング導入と民間委託
南風原朝和　編

二〇二〇年度からの「大学入学共通テスト」の英語に「スピーキング」が課され、それが民間試験に全面委託されることは、大きな問題点を孕んでいる。拙速・強引な政策決定のプロセスから評価のあり方、高校教育への影響まで多角的に検証。

983
どんなことが起こってもこれだけは本当だ、ということ。――幕末・戦後・現在
加藤典洋

犬も歩けば、棒にあたる――それが「開かれたかたちで、考える」ということへの指標だ。考えることのうちにある、「変態力」とは何か。幕末から戦後、そして現在を貫いて、紋切り型の「正しさ」を内側から覆す、新しい思考の流儀。

982
ファクトチェックとは何か
立岩陽一郎、楊井人文

「ポスト・トゥルース」が指摘される時代。意図的／非意図的に流通されるニュース・言説の「ファクト」を客観的に検証するにはどうすればよいか。ジャーナリズムの新たな手法「ファクトチェック」についての、日本初の概説書。

981
3・11を心に刻んで　2018
岩波書店編集部　編

大震災のあと、二〇一一年五月に始まったウェブ連載「3・11を心に刻んで」は、約二五〇名の筆者により毎月書き継がれてきました。本書にはその第七期、および「河北新報」による現地レポート「復幸の設計図」を収録します。

980
裁量労働制はなぜ危険か――「働き方改革」の闇
今野晴貴、嶋﨑量　編

「働き方改革」の焦点になった「裁量労働制」が大幅に規制緩和されることの危険性を、「高度プロフェッショナル制度」の概略と併せ、徹底解説。法的権利を行使するための労働相談対応マニュアルとチェックシート付の決定版。

979
「北朝鮮の脅威」のカラクリ――変質する日本の安保政策
半田滋

ミサイル発射を繰り返し、核開発へと突き進む北朝鮮。緊張状態が続く中、日本政府は、脅威を煽りながら、軍備増強やさらなる対米従属を進めている。変質する安保政策の実態を暴き、危機を回避するために真に必要な政策を問う。